KB197837

생각
정리
독서법

책을 읽고 생각을 정리하며 나를 성장시키는

생각 정리 독서법

생각정리 시리즈 4

BOOK READING

복주환 지음

천그루숲

어느 날, 책을 보다가 문득 이런 생각이 들었어요.

책에 여백이 있는 이유는 무엇일까?
그 공간에서 생각을 정리하라는 의미가 아닐까?

책을 읽으면서 떠오르는 내 생각,

좋은 아이디어, 핵심 키워드, 느낀 점 등을 기록하며

마음껏 정리하라는 뜻이 아닐까?

책 지면에는

상단, 하단, 좌측, 우측의 네 가지 여백이 있는데,

여기 빈 공간에서 나는 무엇을 하면 좋을까?

좌측은 좌뇌, 우측은 우뇌,
상단은 머리, 하단은 발의 역할이라고 생각해 보자.

좌측은 좌뇌니까

이성적으로 책의 핵심 키워드를 적어 두고,

우측은 우뇌니까

책을 보며 느낀 점과 내 생각을 적어 보자!

상단은 머리니까

책을 읽으면서 떠오른 아이디어를 기록하고,

하단은 발이니까

책을 읽고 나서 실행방안을 적어 보면 좋겠다.

책을 읽을 때마다
여백에 떠오르는 생각을 정리하기 시작했어요.
그러다 한 가지 사실을 발견했죠.

좋은 책일수록
여백에 생각의 흔적이 가득 차 있었습니다.

왜 그럴까요?

좋은 책은 좋은 생각을
이끌어 내기 때문입니다.

책을 읽다가 떠오르는 생각을
여백에 정리하다 보니,
생각정리독서법이 하나둘 생겨났습니다.

책의 내용을 마인드맵을 활용해 정리해 보았습니다.

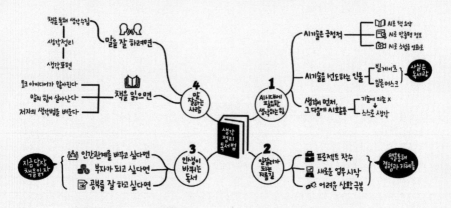

만다라트로 책의 내용을 한 페이지로 정리해 보기도 했죠.

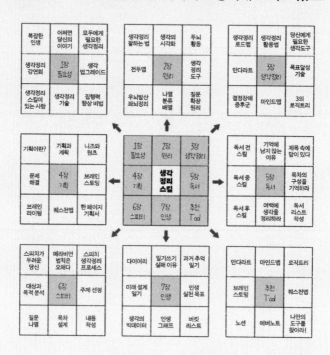

간단한 그림으로 책의 내용을 도식화해 보기도 했고요.

그래픽 레코딩 기법으로 책 내용을 정리해 보기도 했습니다.

책의 여백에 일기를 쓰며 생각을 정리하거나,
심지어 책에 편지를 써서 친구에게 보내기도 했어요.

저자의 글에 댓글도 남겨 보았어요.
공감되는 의견에는 공감 댓글을 남기고,
반대되는 의견에는 비판적으로 토론하고,
질문이 있으면 적극적으로 질문을 적어 보며
저자와 소통했답니다.

시간이 지나 책의 여백에 빼곡히 내 생각들이 쌓이게 되고,
그렇게 적은 그 생각들이 수많은 책 안에 차곡차곡 모이니
어느 순간, 나만의 책을 쓰고 싶다는 생각이 들더군요.

그래서 쓰고 싶은 책의 주제를 1문장으로 써보고,
그것을 바탕으로 1장짜리 콘텐츠 기획안을 만들고,
그것이 발전되어 100페이지 강의안이 만들어졌고요.
결국 290페이지가 넘는 한 권의 책이 세상에 나오게 되었습니다.

분명히 처음에는 책 읽기로 시작했는데
읽다 보니 좋은 생각이 났고,
그 생각을 정리하다 보니
나만의 새로운 콘텐츠가 만들어져 있었어요.

독자였던 저는 어느새 책을 출간한 저자가 되어
세상에 조금이라도 기여할 수 있는 사람으로 성장해 있었습니다.

이제 저는 많은 책을 읽고 정리하며 깨달은 노하우
'생각정리독서법'을 여러분에게 전해 드리고자 합니다.

책과 친해지는 방법을 알고 싶으신가요?
책을 확실히 이해하고 오랫동안 기억하고 싶으신가요?
책을 정리하는 다양한 방법을 알고 싶으신가요?
저자와 대화를 나누며 멋지게 성장하고 싶지는 않으신가요?

'생각정리독서법'을 제대로 배워 보고 싶다면,
독서를 통해 인생을 바꿔 보고 싶다면,
자신 있게 이 책을 추천하고 싶습니다.

이 책은 여러분을

책을 잘 읽을 수 있는 사람으로,
책을 잘 정리할 수 있는 사람으로,
책을 좋아하는 사람으로 만들어 줄 것입니다.

이 책을 선택한 이유

1) 독서를 제대로 해보고 싶어서!
2) 책을 오래 기억하고 싶으니까!
3) 독서를 통해 삶을 바꾸고 싶어서

핵심
키워드

#여백독서법
#생각정리
#독서습관
#기록하기
#성장

준비되셨나요?

그럼 지금부터 펜을 들고 정리를 시작해 보죠.

이 책을 선택한 이유가 무엇인가요?
이 책을 통해 얻고 싶은 게 무엇인가요?

여백 어딘가에 여러분의 생각을 정리해 보세요.
생각을 정리하는 순간,
이 책은 당신과 제가 함께 만든 책으로 완성될 것입니다.

인트로를
읽고 느낀점

"독서를 통해
나를 성장시키는
방법이 궁금하다"

"책을 읽으며
나만의 생각을
어떻게 정리할까"

저자와 함께
이 책을 완성하다니
정말 기대된다!

복주환

실행 방안!

1) 여백에 자유롭게 생각을 정리하기
2) 댓글을 달아보면서 내 생각을 기록하기
3) 마인드맵으로 책 내용 요약하기
4) 독서를 잘하고 싶은 사람에게 이 책을 선물하기
5) 생각정리 독서모임에 참석해 보기

차례

2장 좋은 책을 고르는 방법

Part 3   책 내용 정리법

1장 한 권의 책이 탄생하는 과정

2장 독서 고수가 되는 핵심요약 독서법

Part 5   나를 성장시키는 독서

일러두기

★

이 책은 책을 읽고 생각을 정리하는 습관을 만들어 나를 성장시키고 싶은 분들을 위한 책입니다.

책 읽는 것이 아직 어색하신가요? 독서에 익숙하지 않다면 이 책을 처음부터 끝까지 순서대로 읽어 보세요. 그러면 책과 친해지는 법, 독서 습관을 만드는 법, 책 내용을 제대로 이해하고 내 생각을 정리하는 법까지 자연스럽게 익힐 수 있습니다.

'생각정리독서법'을 빠르게 알고 싶으신가요? 그렇다면 'Part 3 책 내용 정리법'과 'Part 4 내 생각 정리법'부터 읽어 보세요. 책의 내용을 다양한 방식으로 정리하고, 나만의 생각을 효과적으로 정리하는 노하우를 배울 수 있습니다.

책을 통해 성장한 저자의 스토리가 궁금하신가요? 그럼 'Part 5 나를 성장시키는 독서'부터 읽어 보세요. 독서를 통해 인생이 바뀐 저자의 생생한 경험담을 통해 독서의 중요성을 깨닫고 동기부여를 얻을 수 있습니다.

이 책이 여러분이 독서가로 성장하는 데 밑거름이 되고, 인생을 변화시키는 한 권의 책으로 기억되기를 바랍니다.

생 각 정 리 독 서 법

Part 1

책 읽기의 시작

1장

책은 왜
읽어야 할까?

01

내 인생을 바꾼
독서의 비밀

책 읽기, 쉽지 않죠? 다들 책을 읽으라고 하지만, 막상 책을 펼치면 생각처럼 잘 읽히지 않습니다. 책이 인생에 도움이 된다는데, 어떻게 하면 지루하지 않고 재미있게 읽을 수 있을까요? **책을 통해 사업 아이디어를 얻거나, 내 인생의 문제를 해결하고, 업무에 활용하고 싶다면 어떻게 해야 할까요?** 책으로 내 인생을 바꾸는 건 정말 가능한 걸까요?

처음엔 저도 이런 고민을 많이 했습니다. 세상의 모든 지식을 더 많이 알고 싶고, 더 성장하고 싶고, 더 나은 삶을 살고 싶어서 책을 읽어 보려고 했는데, 쉽게 손에 잡히지 않더라고요. 그때는 책이 어렵고 지루하게 느껴졌습니다. 그런데 어느 날 한 권의 책을 발견하고, '책이 이래서 좋구나. 그래서 도움이 되는 거구나. 재미있다고 하는 게 이런 이유였구나' 하는 걸 처음으로 경험했습니다. 이후 책의 매력에 푹 빠지게 되었고, 도서관과 서점은 제가 제일 좋아하는 공간이 되었습니다.

수많은 책으로 둘러싸인 도서관과 서점에서 좋은 책을 발견할 때면 마치 보물을 찾은 듯 기뻤습니다. 제 가방에는 늘 도서관에서 빌린 책과 서점에서 구입한 책이 들어 있었습니다. 지하철을 타고 이동하거나, 밥을 먹을 때나, 심지어 걸을 때도 책을 손에서 놓지 않았습니다.

좋은 문장을 발견하면 밑줄을 치고 댓글을 남기며 생각을 정리하고 싶었어요. 소장하고 싶은 책을 모으다 보니 집에 작은 책꽂이가 들어오고, 한 칸짜리 책장이 들어오고, 어느새 집과 사무실은 책이 가득 찬 작은 도서관으로 변했습니다. 책의 좋은 내용이 제 생각을 가득 채워주듯, 제 생활공간도 자연스레 책으로 채워지게 되었습니다.

독서를 통한 성장의 비밀

책은 저를 도전하고 성장하는 사람으로 만들어 주었습니다. 어린 시절 아버지가 돌아가시고 어려운 순간이 많았습니다. 지치고 힘이 들었지만 다시 힘을 낼 수 있었던 이유는 책 덕분이었습니다. 저보다 더 힘든 시기와 역경을 극복한 사람들의 책을 읽으며, 마음을 다스릴 수 있었습니다. 강연가가 꿈이었던 저는 말을 잘하고 싶었고, 기획력과 목표를 이루는 방법에 관심이 많았습니다. 그러다 보니 자연스럽게 '생각정리'라는 주제에 관심을 가지게 되었고, 도서관에서 관련 책들을 찾아 읽으며 배운 내용을 직접 실천해 나갔습니다. 그 내용들을 모아 저의 첫 번째 책 《생각정리스킬》을 출간하게되었고, 감사하게도 국내뿐 아니라 해외에서도 많은 사랑을 받는 베스트셀러가 되었습니다. 또한 온라인 VOD 강의부터 생각정리 다이어리, 생각정리 AI 앱 개발까지 다양한 분야에 도전하며 생각정리 콘텐츠를 발전시켜 왔습니다.

오랜 시간 책을 읽으며 깨달은 독서의 비밀이 있습니다. 책을 통해 성장하려면 가장 먼저 책과 친해져야 한다는 것입니다. 그렇다면 어떻게 해야 책과 친해질 수 있을까요? 그 방법은 책을 그냥 '책'이라고만 생각하지 않는 것입니다. 무슨 말이냐고요? 책을 책으로 생각하지 않는다니, 그럼 책을 무엇으로 생각해야 할까요?

책을 어떤 주제에 대해 깊고 넓게 이야기해 주는 '사람'이라고 생각해 보세요. 책이 단지 종이와 글자로 이루어진 물건이 아니라, 나에게 이야기를 들려주는 '친구'라고 여겨보는 겁니다. 그러면 책이 여러분에게 다가와 말을 걸기 시작합니다. 단순히 문장의 나열이 아니라, 이야기로 들리기 시작하고 스토리가 눈으로 보이기 시작할 거예요.

우주와 인류를 깊이 있게 탐구한 과학 교양서인 《코스모스》를 보면 저자인 칼 세이건이 논리적으로 강의하는 모습이 그려질 겁니다. 《햄릿》을 보면 셰익스피어가 "사느냐 죽느냐 그것이 문제로다"라고 말하며 실감 나게 연기를 하는 모습이 보일 거예요. 《정상에서 만납시다》를 보면 동기부여 강연가 지그 지글러가 무대 위에 올라 마이크를 잡고 힘주어 강연하는 모습이 머릿속에 생생하게 그려지고, 데이비드 소로우의 《월든》을 읽으면 조용하고 한적한 숲에서 명상하는 기분이 느껴질 거예요.

책과 친해지고 싶은가요?

여러분도 앞으로 책을 책이라고만 생각하지 말고, 책을 사람이라고 생각해 보세요. 어떤 사람이 나에게 자신이 좋아하는 주제에 대해 신나게 이야기해 준다고 상상해 보세요. 그러면 책이 훨씬 더 친근하게 느껴질 거예요.

그러다가 책과 친해지면 저자와 조금씩 대화를 나눠 보세요. 저자가 하는 말에 공감도 해보고, 때로는 '이건 왜 이렇게 썼지?' '이건 무슨 말이지?'라며 질문을 던지거나, '나는 다르게 생각하는데!'라고 반박해 보세요. 그리고 책의 여백에 이런 생각들을 모두 적어 보세요. 그러면 책 읽는 시간이 단순한 정보 습득을 넘어, 저자와 대화를 나누고 소통하며 나만의 생각을 키울 수 있는 의미 있는 시간이 될 겁니다.

책이 사람이라면, 책에 쓰여진 글은 그 사람의 말이고, 여백은 그 말을 듣고 생각을 정리할 수 있는 공간입니다. 즉, 그 사람과 대화를 나눌 수 있는, 우리가 끼어들 수 있는 공간이라는 거죠.

여백에 느낀 점이나 아이디어를 적어 보세요. 그러면 그 책이 진짜 내 것이 되는 느낌이 들 거예요. 책을 단순히 글자 덩어리로 보지 말고, 나와 대화하는 사람이라고 생각해 보세요. 그렇게 책과 대화하며 얻은 생각들은 내 삶에 실질적인 도움이 될 수 있습니다. 아이디어가 떠오르거나, 어떤 문제를 해결하는 데 힌트를 주기도 하니까요.

그렇습니다! 제가 발견한 독서의 비밀은 '**책을 사람으로 생각하고, 저자와 대화를 나눈다고 생각하는 것**'입니다. 이렇게 생각을 전환하면 책과 친해질 수 있고, 독서를 통해 더 성장할 수 있을 겁니다. 여러분도 지금 이 글의 느낌과 생각을 여백에 적어 보세요. 그럼 지금과는 전혀 다른 살아있는 독서가 시작될 겁니다.

02

AI 시대에 굳이
책을 읽어야 할까?

우리는 지금 빅데이터와 인공지능 시대에 살고 있습니다. AI 덕분에 삶은 빠르고 편리해졌습니다. AI는 궁금한 것을 즉시 찾아주고, 복잡한 문제해결에도 많은 도움을 줍니다. 이런 기술 발전 속에서 '책을 꼭 읽어야 할까?'라는 질문이 자연스럽게 떠오를 수 있습니다. AI가 이미 필요한 정보를 즉각 제공해 주는데, 굳이 시간을 들여 책을 읽을 필요가 있을까요? 여러분은 어떻게 생각하나요?

AI가 대체할 수 없는 독서의 힘

저는 AI 기술의 눈부신 발전을 긍정적으로 바라봅니다. AI의 발전으로 맞춤형 정보를 빠르게 얻을 수 있고, 책을 더 자세히 요약할 수 있게 되었습니다. 심지어 나의 스토리로 한 편의 소설을 뚝딱 만들 수도 있습니다. 앞으로는 책 속 캐릭터와 대화하며 이야기를 함께 만들어 가는 독서도 충분히 가능해지겠죠. AI 덕분에 많은 사람들이 책과 더 가까워진다면, 그런 긍정적인 면만 있다면 얼마나 좋을까요?

하지만 AI가 발전할수록 기술에 지나치게 의존하게 될 우려도 있습니다. 만약 책을 읽지 않고 AI에만 의존한다면 인간은 스스로 생각하는 힘이 점차 약해질 겁니다. **사고력과 창의력은 다소 시간이 걸리고 힘들더라도, 능동적으로 책을 한 장 한 장 읽어 나갈 때 길러집니다.** 이 과정을 통해 깊이 있는 생각과 창의적인 아이디어가 생겨날 수 있습니다.

AI 기술을 선도하고 있는 **빌 게이츠**는 매년 수십 권의 책을 읽는다고 합니다. 그는 기술의 최전선에서 일하면서도 독서를 통해 깊은 통찰력과 아이디어를 얻고 있는 겁니다. 기후변화 문제에 집중할 때도, 빌 게이츠는 다양한 분야의 책을 읽으며 전문가들의 견해를 종합하여 문제해결책을 모색합니다. 그는 단순히 데이터를 분석하는 데 그치지 않고, 독서를 통해 더 깊이 있는 사고로 발전시키며, 그 과정에서 창의적인 해결책을 찾아냅니다.

일론 머스크는 전기차와 로켓 공학에서 큰 성공을 거둔 인물입니다. 그는 어린 시절부터 다양한 분야의 책을 읽으며 폭넓은 지식을 쌓아왔고, 이를 바탕으로 새로운 아이디어를 찾아내곤 했다고 합니다. 일론 머스크는 로켓 공학을 책으로 독학한 것으로 유명합니다. 그는 다양한 분야의 독서를 통해 생각하는 힘을 기르고, 그 결과 스페이스X와 같은 혁신적인 성과를 이룰 수 있었습니다.

AI가 아무리 똑똑하고 유용해도, 책이 가진 힘은 여전히 독보적입니다. 책은 우리 스스로 깊이 생각하고 성장할 수 있도록 이끌어 주기 때문입니다.

생각이 먼저, 그다음에 AI 활용

저는 기업, 기관, 대학에서 〈생각정리스킬〉 〈생각정리스피치〉 그리고 〈생각정리독서법〉을 강의할 때, 무엇보다 '스스로 생각하고 정리하는 방법'을 가장 강조합니다. 내 생각이 먼저이고, 그다음에 AI를 활용하는 것이죠. 먼저 내 생각을 정리한 후에, AI를 통해 다듬고 보완하며 확장하는 데 도움을 받는 겁니다. 이처럼 기술에 의존하기 전에 스스로 생각하는 힘을 반드시 길러야 합니다.

AI는 이제 피할 수 없는 현실입니다. 하지만 다행히도 우리에게는 '생각하는 힘'이 있습니다. 이 책을 통해 생각정리독서법을 익혀 생각을 정리하고, 스스로 사고하는 힘을 길러보세요. 그러면 여러분은 독서를 통해 얻은 자신의 사고력을 바탕으로 AI를 더 효율적으로 활용할 수 있는 능력을 갖춘 인재로 성장할 수 있을 것입니다.

03

일 잘하는 법?
해답은 독서에 있습니다!

"책 볼 시간에 하나라도 더 일을 해야지"라는 말을 종종 듣곤 합니다. 바쁜 일상 속에서 당장 눈앞의 업무가 우선이다 보니, 책 읽을 시간을 내기 어려운 것도 사실입니다. 하지만 책을 읽는 것이 단순히 시간을 빼앗기는 일일까요? 오히려 일을 더 잘하게 만들어 줄 수 있다면 당장 책을 읽어야 하지 않을까요?

책을 읽으면 구체적으로 어떻게 업무에 도움이 되는지 사례를 통해 살펴보겠습니다.

프로젝트 기획자 서 팀장

서 팀장은 새로운 프로젝트를 맡게 되었습니다. 이제 그는 프로젝트를 기획하고, 아이디어를 구체화해 추진해야 합니다. 좋은 아이디어를 떠올려 설득력 있는 기획안을 만들어야 하는데, 사실 이러한 방법을 배워 본 적이 없어 고민이 많습니다.

이런 고민을 동료에게 이야기하자 동료가 《생각정리스킬》을 추천해 주었습니다. 이 책에는 생각정리 도구를 활용해 기획서를 작성하고 이를 잘 전달하는 방법이 구체적으로 소개되어 있었습니다.

서 팀장은 이 책을 통해 기획에 필요한 생각정리 도구와 원리를 이해하게 되었고, 원 페이지로 내 생각을 일목요연하게 정리하는 방법을 배웠습니다. 독서를 통해 발전시킨 기획력으로 새로운 프로젝트에서 좋은 아이디어를 제시할 수 있었고, 성과를 낼 수 있었습니다.

인사팀에 발령받은 최 과장

영업팀에서 근무하던 최 과장은 갑작스럽게 인사팀으로 발령을 받았는데, 기존과 다른 성격의 일을 하려니 너무 막막했습니다. 특히 인사팀 업무는 서류 작업과 조직관리 등 그동안 해본 적이 없는 행정적인 일이다 보니 생소하기도 하고, 배우기가 쉽지 않았습니다.

한두 달 현장에서 열심히 부딪히면 익숙해질 줄 알았는데, 여전히 실수가 잦아 주변의 시선이 부담스러웠습니다. 이래서는 안 되겠다는 생각에 도서관과 서점에서 책을 찾아 읽기 시작했습니다.

이론, 실무, 노하우 등과 관련된 책을 읽다 보니 인사팀의 업무흐름이 전체적으로 파악되기 시작했고, 어떤 부분이 포인트인지 알게 되었습니다. 책에서 얻은 지식을 업무에 적용하기 시작하면서, 점차 일이 익숙해졌고 인정 받게 되면서 업무에 더 몰입하게 되었습니다.

최 과장은 여기서 그치지 않고 책에서 얻은 정보와 실무에서 익힌 내용을 매뉴얼로 정리해, 후임들이 자신과 같이 방황하지 않고 즉시 업무에 적응할 수 있도록 했습니다.

작은 카페 박 사장

박 사장은 동네에서 작은 카페를 운영하고 있습니다. 커피를 좋아하고, 나만의 공간을 가지고 싶은 로망이 있어서 이 일을 시작하게 되었습니다. 처음 시작할 때는 동네에 카페가 많지 않아 손님이 꽤 있었는데, 동네 상권이 커지자 인근에 카페가 1~2개씩 생기더니 급기야 무인카페까지 생겼습니다. 경쟁이 매우 치열해졌고, 손님은 처음보다 많이 줄었습니다.

박 사장은 답답한 마음에 카페 운영에 대한 책을 읽기 시작했습니다. 특히 브랜딩 관련 서적을 읽으며 카페의 강점과 본질에 집중하는 방법을 알게 되었고, 시장의 분위기가 바뀐 만큼 다시 리브랜딩을 해야 한다는 깨달음을 얻게 되었습니다.

책에서 배운 대로 카페의 시그니처 제품을 새롭게 만들고 가격을 재조정했습니다. 메뉴판과 공간 분위기도 새롭게 단장해 고객들에게 독특하고 편안한 경험을 제공하려고 노력했습니다. 그러자 점점 손님이 늘기 시작했습니다. 여기에 더해 SNS 마케팅으로 성공한 사람들의 책을 보며, 바로 카페에 적용했습니다.

이렇게 독서를 통해 경쟁 속에서도 강점을 살려 차별화하는 전략을 생각할 수 있었고, 실행에 옮긴 결과 기존보다 매출이 2배 더 오르는 결과를 얻을 수 있었습니다.

어떤가요? 이렇게 사례를 보니 독서가 얼마나 도움이 되는지 느껴지나요? 책을 읽는 것은 단순히 지식만 쌓는 것이 아닙니다. 실제로 업무 아이디어와 문제해결 방법을 얻을 수 있는 중요한 과정입니다. 서 팀장, 최 과장, 그리고 박 사장의 사례에서 보듯이, 독서를 통해 더 나은 성과를 낼 수 있고, 업무능력을 향상시킬 수 있습니다.

업무에서 더 좋은 성과를 내고 싶으신가요? 그럼 독서를 시작해 보세요. 책을 읽고 일을 잘해 내는 경험을 하게 된다면 여러분도 분명 이렇게 말하게 될 것입니다.

"책 볼 시간에 일이나 하자"가 아니라
"일을 더 잘하기 위해 책부터 읽어 보자"라고요.

04

책을 읽으면
언어의 품격이 높아진다

"말을 잘하려면 책을 많이 읽어야 한다."

말을 잘하고 싶은 분들이라면 한 번쯤 들어봤을 겁니다. 그런데 책을 읽으면 정말로 말을 잘할 수 있을까요? 책을 읽고 어떻게 활용해야 말을 잘할 수 있을까요?

저는 어린 시절부터 말로 재미와 감동, 유익함을 전하는 강연가가 되는 것이 꿈이었습니다. 어렸을 적 "책을 읽으면 말을 잘할 수 있다"는 말을 듣고, 이 말에 공감하며 지금까지 꾸준히 독서를 해왔습니다. 그리고 이 명제에 대한 답을 찾기 위해 오랜 시간 탐구하고 연구한 끝에 확실한 결론에 도달했습니다.

'말을 잘하려면 우선 생각을 잘해야 한다'는 것입니다. 그리고 그 생각을 잘 정리하여 상대에게 효과적으로 표현할 수 있어야 합니다. 독서는 이 모든 과정에 긍정적인 영향을 줍니다. 독서를 통해 좋은 생각을 만들 수 있고, 이를 논리적으로 정리할 수 있게 되며, 보다 더 풍성하게 표현할 수 있게 되는 것이죠.

책을 읽으면 사고가 깊어지고 넓어진다고 합니다. 책을 통해 다양한 관점과 지식을 접하면서 사고의 범위가 확장됩니다. '사고가 깊어진다'는 것은 특정 주제에 대해 꼬리에 꼬리를 물며 깊게 탐구하는 것을 의미하고, '사고가 넓어진다'는 것은 그 주제를 여러 관점에서 이해할 수 있게 된다는 뜻입니다. 또한 폭넓은 지식과 정보를 바탕으로 주제를 다양한 방식으로 설명할 수 있게 됩니다.

말 잘하는 사람들은 독서로 빅데이터를 만든다!

말을 잘하는 사람은 주제가 명확하고, 다양한 소재를 적절히 조합해 이야기합니다. 특정 주제에 대해 경험을 바탕으로 말하기도 하고, 다른 사람에게 듣거나 독서를 통해 얻은 지식을 정리해서 말하기도 합니다.

이 중에서 독서가 중요한 이유는 책 속에는 주제와 소재에 대한 다양한 아이디어가 담겨 있기 때문입니다. 책은 **어떤 주제에 대해 방대한 자료와 인사이트가 담긴 빅데이터**와도 같습니다. 그래서 독서를 많이 하면 주제에 대해 할 수 있는 말이 많아지게 됩니다.

예를 들어 '소통'이라는 주제로 발표를 한다고 가정해 보죠. 우선 소통에 대한 책을 찾아보면 소통이라는 주제에 대해 다양한 방식으로 접근을 합니다. 심리학적으로 말하기도 하고, 대화법으로 풀어 나가기도 합니다. 인간관계의 사례로 설명하기도 하고, 철학적인 관점에서 해석하기도 합니다. 여기서 접근방법을 찾았다면 관련된 책을 통해 얻은 지식과 지혜로 말의 내용을 더욱 맛깔나게 만들 수 있습니다. 마치 셰프가 전 세계 최고급 재료로 만든 요리와 같이 말이죠.

이렇게 여러 분야의 책을 읽으면 다양한 관점을 이해하고, 주제에 대한 생각을 확장할 수 있게 됩니다. 평소 다양한 주제의 책을 폭넓게 읽은 사람은 말할 때 박학다식함이 느껴지고, 특정 주제를 깊이 파고들었다면 말에서 전문성이 드러나게 됩니다.

책을 읽으면 말발이 산다!

말을 할 때, 책에서 얻은 지식과 정보를 인용하면 자신의 주장을 논리적으로 뒷받침할 수 있습니다. 논리적인 말하기는 '주장 → 이유 → 근거'의 순서로 이루어지는데, 이때 책에서 얻은 여러 근거자료를 인용하면 주장이 훨씬 더 설득력 있게 전달됩니다. 그 결과 상대방은 여러분의 주장을 더 신뢰하게 됩니다.

예를 들어 '스마트폰 사용 제한의 필요성'에 대해 이야기해 볼게요. 책을 읽지 않은 사람과 독서가의 말하기 차이를 비교해 보죠. 비독서가는 단순히 경험을 근거로만 말하지만, 독서가는 책에 나오는 지식과 입증된 근거를 덧붙여 설득력을 높입니다.

[비독서가]

"스마트폰 사용을 제한해야 합니다. 최근 제 경험에 따르면 시간이 많이 소모되고, 집중력도 떨어지는 것 같더라고요."

[독서가]

"스마트폰 사용을 제한하는 것이 중요하다고 생각합니다. 최근 정신과 의사인 안데르스 한센의 《인스타 브레인》이라는 책을 읽었는데, 이 책에는 스마트폰 사용에 대한 전 세계적인 연구결과와 설문조사, 심리실험들이 담겨 있습니다. 결론부터 말씀드리면, 스마트폰과 소셜미디어가 우리의 집중력을 분산시키고 정보처리 방식에 부정적인 영향을 미친다고 여러 근거를 통해 강조하고 있습니다. (책에 나왔던 예시와 뇌 과학적 근거로 설명)

저도 최근에 스마트폰 사용이 시간을 많이 잡아먹고, 집중력을 저하시키는 것을 경험했습니다. 그래서 스마트폰 사용을 제한하고 책을 통해 깊이 있는 사고와 집중력을 기르는 것이 중요하다고 생각합니다."

똑똑한 저자의 사고방식을
내 것으로 만들 수 있다!

평소 책을 많이 읽는 사람들은 저자의 사고방식과 논리구성법을 자연스럽게 배우게 됩니다. 쉽게 말해 하나의 주제를 여러 방식으로 풀어내는 다양한 사고법을 익히게 되는 것입니다. 예를 들어 '이 책은 연역적 논리로 내용을 전개하고 있네' 또는 '이 저자는 주장에 대한 근거를 연구 데이터를 통해 설명하고 있군'과 같이 저자가 주장을 펼치는 방식을 이해하고 익히게 됩니다.

물론 사고 패턴을 말로 분석하는 것은 쉽지 않지만, 책은 글로 이루어져 있어 그 흐름을 텍스트로 시각화할 수 있기 때문에 방법만 알면 누구나 분석할 수 있습니다. 책을 읽다가 뛰어난 논리전개 방식을 발견했다면 그 구조를 자신의 주제에 맞게 변형해 보고, 말하는 연습을 해보는 것도 좋습니다(관련 내용이 궁금하다면 191쪽 '03 요약에서 재창조가 시작된다'를 확인하세요).

예를 들어 환경운동가 A씨가 쓴 책을 봤는데, 친환경정책에 대한 논리방식이 마음에 들었습니다. '문제 → 원인 → 진짜 원인 → 해결 → 기대효과'라는 논리로 이야기를 전개하는 방식이 설득력이 높아 보였습니다. 그럼 그 논리를 잘 기억해 두었다가, 자신의 발표에 적용해 볼 수 있습니다.

문제 : 환경오염이 심각하다.

원인 : 오염의 주요 원인은 산업폐기물 배출이다.

진짜 원인 : 기업들이 비용절감을 위해 환경보호 규제를 회피하고,
지속가능한 기술에 대한 투자가 부족하다.

해결 : 배출량을 줄이기 위한 규제가 필요하다.

기대효과 : 환경오염이 완화되고, 지속가능한 산업 성장이 가능해
져 인류의 건강과 자연이 보호된다.

[내 발표의 논리 구성]

문제 : 업무 생산성이 떨어지고 있다.

원인 : 원인은 명확한 업무 매뉴얼의 부재다.

진짜 원인 : 회사 내 의사소통이 원활하지 않으며, 각 부서가 업무
절차를 통일하지 않고 개인의 방식에 의존하고 있다.

해결 : 표준화된 업무 매뉴얼을 만들어 전 직원에게 교육하고, 의
사소통 체계를 개선하여 부서 간 협력을 강화해야 한다.

기대효과 : 업무효율이 향상되고, 불필요한 중복 작업이 줄어들어
생산성이 크게 개선될 것이다.

오늘날 우리는 다양한 사람들과 함께 살아가고 있습니다. 이 때
문에 말로써 소통하고 설득하는 능력이 그 어느 때보다 중요합니다.

평소 말하기 실력을 향상시키고 싶다면 좋은 책을 꾸준히 읽어 보세요. 말하고 싶은 주제에 대해 다양한 관점의 책을 읽어 보세요. 책에서 얻은 내용을 인용해 보고, 논리구조를 분석하며, 이러한 사고 패턴을 자신에게 적용해 말하는 연습을 해보세요. 책을 읽으면 여러분의 말이 달라질 것입니다.

05

인생을 바꾸고 싶다면, 읽는 책부터 바꿔라!

'당신은 주변 5명의 평균이다'라는 말이 있죠. 곰곰이 생각해 보면 착한 사람 곁에는 착한 사람들이, 똑똑한 사람 곁에는 똑똑한 사람들이, 그리고 재미있는 사람 곁에는 재미있는 사람들이 모입니다. 사람은 사회적 동물이기 때문에 혼자 살아가는 것이 아니라, 늘 주변과 함께하며 자연스럽게 비슷한 성향의 사람들과 어울리게 됩니다.

하지만 때로는 내가 원하는 사람들과만 어울릴 수 없는 상황도 생기곤 합니다. 학교나 직장에서 만나는 사람들은 불특정 다수일 때가 많고, 그들과 어쩔 수 없이 관계를 맺어야 할 때도 있습니다. 이럴 때 주변에 부정적인 사람들이 많으면 나도 모르게 삶이 힘들어지곤 합니다.

크랩 멘탈리티 효과에서 벗어나세요

내가 새로운 도전을 하려고 할 때마다 '그건 안 될 거야' '네가 무 슨'이라며 부정적인 반응을 보이는 사람들이 종종 있습니다. 그런 말을 들으면 처음에는 무시하려고 해도, 시간이 지날수록 나 자신도 모르게 그 말에 영향을 받아 점점 움츠러들게 됩니다. 아무리 자신 감이 넘치는 사람도 자꾸 부정적인 이야기를 듣다 보면, 할 수 없겠 다는 생각이 서서히 자리 잡기 시작합니다.

꽃게 한 마리가 바구니 속에서 탈출하려고 열심히 애를 씁니다. 조금만 더 가면 바구니를 벗어날 수 있을 것 같아 최선을 다하는 데, 갑자기 누군가 다리를 붙잡습니다.
"가지 마, 어딜 가려고 해!"
"밖은 위험해, 그냥 여기 있어!"
"여기가 더 안전해!"
다리를 붙잡은 건 다름 아닌 그와 가장 가까운 꽃게들입니다.

이 이야기에서 유래한 심리학 용어가 바로 '크랩 멘탈리티 효과' 입니다. 나를 변화하려고 할 때, 주변 사람들이 끌어내리는 상황을 설명하는 개념입니다. 아이러니하게도 나를 가로막는 사람들은 가 장 가까운 사람일 때가 많습니다.

나를 아끼고 걱정한다는 이유로, 주변 사람들이 나를 붙잡습니다. 문제는 내가 성장을 위해 새로운 도전을 하려고 할 때 이런 모습이 자주 나타난다는 겁니다. 그들은 내가 변하는 것이 낯설고, 함께 있던 익숙한 모습에 머물기를 원합니다. 그래서 결과적으로 내 성장을 방해하게 됩니다.

인간관계가 얼마나 중요한지, 그리고 누구와 어울리느냐에 따라 삶의 방향이 달라질 수 있다는 점은 많은 연구와 책에서 다뤄집니다. 예를 들어 과학적으로 성공을 분석한 《성공의 공식 포뮬러》와 같은 책에서도 이를 증명하고 있습니다. 내가 성장하고 행복해지기 위해서는 주변 사람들을 신중하게 선택하는 것이 중요합니다. 때로는 새로운 모임에 참석해 지금의 관계를 변화시키거나, 긍정적인 영향을 줄 수 있는 사람들과 가까워지기 위한 노력이 필요합니다.

이때 관계를 바꾸는 노력 중 가장 쉽고 빠른 방법이 있습니다. 바로 '책을 읽는 것'입니다. 책은 사람이 쓴 것이기에, 책을 읽는 건 새로운 사람을 만나는 것과 같습니다. 직접 만나지 못하는 사람들의 생각과 경험을 책을 통해 얻을 수 있고, 그들의 가르침을 간접적으로 배울 수 있습니다.

만약 여러분이 행복해지고 싶다면 나를 행복하게 만드는 책을 가까이 두는 것이 좋습니다. 책은 단순히 지식만 주는 것이 아니라, 우리의 마음과 감정에도 큰 영향을 줍니다. 예를 들어 저는 깨끗하고 정리된 공간을 좋아해, 그런 주제와 관련된 책들을 자주 봅니다. 특히《Where we work》같은 외국 인테리어 책을 보면 마음이 편안해지고 행복을 느낍니다. 또 생텍쥐페리의《어린 왕자》를 읽으면 마음이 따뜻해지고 행복해집니다. 순수한 시선으로 세상을 바라보는 어린 왕자의 이야기는 복잡한 일상 속에서 잠시나마 마음의 평화를 느끼게 해줍니다.

부자가 되고 싶다면 어떻게 해야 할까요?

부자가 되려면 부자에게 직접 배우는 게 가장 좋겠지만, 그렇지 않다면 부자가 될 수 있는 방법을 알려주는 책을 읽는 것도 좋은 방법입니다. 예를 들어 여러분이 재테크에 대해 전혀 모른다고 가정해 볼게요. 서점에서 재테크 책을 한 권 사서, 그 책을 통해 기본적인 금융지식과 투자전략을 배워야 합니다. 처음에는 조금 어렵게 느껴질 수 있지만, 읽다 보면 자산을 어떻게 나누고, 주식과 채권의 위험을 어떻게 관리해야 하는지 하나씩 배우게 될 겁니다. 그렇게 책에서 배운 내용을 바탕으로 투자처를 찾고, 소액이라도 투자해 보면 성과를 낼 수도 있습니다.

이런 책을 읽는 건 마치 여러분 옆에 부자가 되는 방법을 알려주는 조력자가 있는 것과 같습니다. 책을 통해 저자들의 경험을 배우고, 부자가 되는 길로 한 걸음씩 나아갈 수 있게 되는 것입니다.

실제로 많은 부자들이 책을 통해 필요한 지식과 통찰을 얻었고, 그 지식들이 부자가 되는 데 중요한 밑거름이 되었다고 이야기합니다. 결국 책은 그들에게 부자가 되는 길을 알려준 지도와도 같은 존재입니다. 투자의 대가 **워런 버핏**은 어린 시절부터 책을 통해 투자에 대한 지식을 쌓았고, 지금도 매일 몇 시간씩 독서에 시간을 할애합니다. 그는 한 인터뷰에서 "하루 종일 책을 읽기만 해도 좋다"라고 말하며, 책을 통해 얻은 지식이 자신을 성공으로 이끌었다고 강조합니다.

마이크로소프트의 창업자 **빌 게이츠**도 독서를 통해 끊임없이 새로운 아이디어를 얻고 세상을 보는 시각을 넓혀 왔습니다. 그는 매년 추천도서 목록을 발표하며, 자신의 성공에 독서가 얼마나 큰 역할을 했는지 자주 이야기하곤 합니다.

이처럼 **책은 기회를 발견하고 새로운 선택을 할 수 있도록 길을 열어 줍니다.** 혹시 아나요? 이 책을 통해 얻은 아이디어가 먼 훗날 나를 부자로 만들어 주는 계기가 될지 말이에요.

책에서 공부의 길을 찾아보세요

최근 저는 해외에 생각정리 콘텐츠를 알리고 싶은 꿈이 생겨 영어를 꾸준히 공부하고 있습니다. 영어 회화, 문법, 영어의 어원 등 영어와 친해지기 위해 가장 먼저 했던 일은 다양한 책들을 읽는 것이었습니다. 저는 학원을 따로 다니지 않고, 책과 영어 회화 앱을 활용해 공부를 하는데, 이렇게 **책과 함께** 공부하니 마치 **나만의 맞춤형 선생님**이 옆에서 가르쳐 주는 것 같아 든든합니다. 또 영어 공부 성공기를 다룬 책을 읽다 보면 저처럼 초보자도 꾸준히 노력하면 언젠가 영어를 잘하게 될 수 있겠다는 용기를 얻기도 합니다.

* * *

인생을 바꾸고 싶으신가요?
그럼 주변의 사람을 바꿔 보세요.

주변 사람을 바꿀 수 없다면
읽는 책을 바꿔 보세요.

책이 당신을 돕는 조력자가 되어
더 좋은 선택을 할 수 있게 도와주고,
더 나은 인생으로 이끌어 줄 테니까요.

2장

독서 습관을
만드는 방법

01

책 읽는 습관은
어떻게 만들까?

독서의 가치를 알게 되면 독서 습관을 꾸준히 이어가고 싶다는 생각이 듭니다. 하지만 습관을 만드는 것은 결코 쉽지 않죠. 바쁜 스케줄이 생기거나 긴급한 일이 생기면 다시 독서와 멀어지기도 합니다. 어떻게 하면 독서를 평생 습관으로 만들 수 있을까요?

독서를 습관으로 만들기 위해서는 독서를 특별한 일이라고 생각하지 말아야 합니다. '오늘은 반드시 1시간 동안 책을 읽어야 해'처럼 책 읽기를 마치 하나의 거창한 의식처럼 생각하는 경우가 있는데, 이런 생각이 오히려 독서를 부담스럽게 만듭니다. 책 읽기를 습관화하기 위해서는 독서가 특별한 행위가 아니라 일상의 일부라고 생각하면 좋습니다. 마치 하루에 3번 양치질을 하는 것처럼, 책을 읽는 행위도 일상의 한 부분이라 생각하고 자연스럽게 습관으로 자리 잡아 가야 합니다.

완벽주의에서 벗어나면 책이 보인다

많은 사람들이 독서를 습관으로 만들지 못하는 이유 중 하나는 완벽주의 때문입니다. 예를 들어 '하루에 30분씩 책을 읽겠다'고 결심을 했는데, 일정이 바쁘다 보니 그 시간을 지키지 못해 스스로를 질책하는 것이죠. 이러한 완벽주의는 오히려 독서 습관을 방해합니다. 이런 생각 때문에 책 읽는 것 자체가 부담으로 느껴질 수 있습니다.

하루 책을 읽지 않았다고, 나와의 약속을 지키지 못했다고 너무 실망할 필요는 없습니다. 오늘 하루는 어차피 1년 중 하루일 뿐이고, 평생 중 하루일 뿐입니다. 오늘 못 읽으면 어떤가요? 오늘 읽지 못했다면, 내일부터 다시 읽으면 그만입니다.

여기서 중요한 건 꾸준함입니다. 독서는 습관이기 때문에 하루의 공백은 가볍게 받아들이고 다시 시작할 수 있는 마음이 필요합니다. 오늘은 10페이지를 읽기로 했는데 시간이 없다면 내일 더 읽으면 됩니다.

아주 작은 목표부터 시작하기

목표를 세울 때는 거창한 목표보다 작은 목표부터 시작하는 것이 좋습니다. 처음부터 '하루에 3시간씩, 50페이지를 읽겠다'와 같이 무리한 목표를 세우기보다는, '하루에 3페이지씩 읽기'처럼 작고 실천 가능한 목표를 세우는 것이 오히려 현실적입니다. 오늘 3페이지를 읽었다면, 내일은 5페이지, 그리고 시간이 허락될 때 10페이지로 조금씩 늘려가는 식으로 진행해 보세요. 이렇게 작은 실천이 쌓이다 보면 독서는 어느새 특별한 활동이 아니라 자연스러운 일상이 되어 있을 겁니다.

눈에 보이는 곳에 책 비치해 두기

책 읽는 습관을 만드는 좋은 방법 중 하나는 책을 손쉽게 볼 수 있는 곳에 두는 겁니다. 저의 경우 언제나 책을 볼 수 있게 침대 옆이나 책상 위에 책을 두고, 가방 속에도 항상 책을 넣어 다닙니다. 운전할 때는 오디오북을 통해 책을 듣기도 합니다. 이렇게 하면 잠깐이라도 책을 들여다보는 습관이 자연스럽게 생기게 됩니다.

여러분도 한번 해보세요. 침대 옆에는 잠자기 전에 가볍게 읽을 수 있는 에세이나 소설을, 가방 속에는 휴대하기 편한 실용적인 책을, 화장실에는 잠깐 동안 읽을 수 있는 시집이나 잡지를 비치해 두세요. 책이 눈앞에 있으면 자연스럽게 그 책을 펼칠 기회가 많아질 겁니다.

02

독서리스트를
기록하면 얻게 되는 것들

독서 습관을 만드는 또 하나의 좋은 방법은 '나만의 독서리스트 만들기'입니다. 저의 경우 15년 전부터 독서리스트를 만들어 사용하고 있는데, 당시에는 아날로그 방식으로 워드 문서를 활용해 독서리스트 양식을 인쇄한 후 손으로 직접 정리했습니다. 지금은 노션이라는 편리한 디지털 노트를 활용해 독서리스트를 관리하고 있습니다. 저는 독서리스트를 작성하면서 많은 효과를 경험했는데, 그 효과는 구체적으로 다음과 같습니다.

같은 책을 두 번 사지 않게 된다

독서리스트를 정리해 두지 않으면 나중에 같은 책을 또 사는 경우가 생기곤 합니다. 서점에서 책을 구입해 읽다 보면 '아, 이 책 읽었던 거 같은데…' 하는 생각이 들어 서재를 살펴보면 그 책이 이미 책장에 꽂혀 있었습니다.

하지만 독서리스트를 작성하면서 이런 일이 줄어들었습니다. 읽은 책의 제목과 관련 정보를 기록해 두니, 그 책을 자주 떠올리게 되면서 내용도 더 오랫동안 기억에 남게 됩니다.

독서리스트를 통해 나를 분석할 수 있다

독서리스트가 쌓이면서 가장 큰 장점은 자기이해와 분석이 가능해졌다는 점입니다. 책을 읽은 기록이 없으면 나중에 어떤 책을 읽었는지 파악하기 어려운데, 기록을 남겨 두면 내가 읽었던 도서목록을 통해 당시의 관심사와 취향을 알 수 있습니다. 독서리스트에 기록된 나만의 빅데이터를 통해, 내가 어떤 생각을 하며 살아왔는지 나의 관심사와 패턴을 분석할 수 있게 되는 것이죠.

예를 들어 제가 목표달성과 시간관리, 멘탈관리에 관한 책을 많이 읽었을 때는 목표를 열심히 이루어가는 시기였고, 앱 개발 관련 책을 읽었을 때는 생각정리 AI 앱을 개발하던 시기였습니다. 학습과학, 교육공학, 강의 기법, 뇌과학 서적을 읽었을 때는 강의에 깊은 관심을 가졌던 시기였습니다.

오랜만에 독서리스트를 보면 수년 전 제가 어떤 관심사를 가지고 있었는지도 확인할 수 있습니다. 20대 초반, 저는 재즈와 비틀즈 음악을 들으며 무라카미 하루키의 소설에 깊이 빠져 있었습니다. 당시 한 작가의 작품세계를 온전히 경험하고 싶어서《상실의 시대》《해변의 카프카》《1Q84》등 하루키의 책을 거의 모두 읽었습니다. 그의 독특한 문체와 상상력은 저를 매료시켰고, 그로 인해 인생의 공허함과 사랑의 의미에 대해 깊이 생각하게 되었습니다.

그 시절 베르나르 베르베르의《개미》《신》《인간》《나무》등 공상과학 소설도 많이 읽었는데, 당시는 아버지가 돌아가신 후 힘든 현실에서 잠시나마 벗어나기 위해 초현실적이고 미지의 세계에 대한 이야기에 몰두했던 것 같아요.

그리고 독서리스트를 살펴보면 잘 읽지 않는 분야도 자연스럽게 드러납니다. 예를 들어 '요즘 소설이나 에세이 같은 감성적인 책만 읽고 있었구나. 이제 실생활에 도움이 되도록 업무 관련 서적도 읽고, 세상 돌아가는 흐름을 알기 위해 경제나 역사 관련 책도 읽어 봐야겠다'라는 생각을 하게 되죠. 이렇게 독서리스트를 통해 어떤 분야의 책을 읽을지 균형 잡힌 독서계획을 세울 수 있습니다.

기록이 나의 노력과 시간을 기억해 준다

우리는 일을 할 때 항상 최선을 다하려고 노력합니다. 하지만 때로는 지쳐서 무기력함에 빠지기도 하고, 과거에 열심히 노력했던 자신을 잊어버리기도 합니다. 이때 독서리스트가 있다면 그동안 열심히 살았던 흔적과 발자취를 기억하게 해줍니다. 독서기록을 보며 다시 시작할 수 있는 용기도 얻게 됩니다.

"그래, 나는 그동안 꾸준히 책을 읽어왔어. 지금은 조금 힘들지만, 다시 시작해 보자."

저는 독서리스트를 작성하면서 자신감이 많이 생겼습니다. 기록이 없었다면 1년 전에 어떤 책을 읽었는지, 1년 동안 얼마나 많은 책을 읽었는지, 그리고 이를 통해 어떤 생각의 변화가 있었는지 알기 어려웠을 겁니다. 하지만 기록을 하니 성장의 과정을 눈으로 명확하게 볼 수 있어 좋았습니다.

작년에 10권을 읽었는데 올해는 30권을 읽었다면, '내년에는 50권, 그다음엔 100권, 10년 후엔 1,000권도 읽을 수 있겠구나'라는 목표도 세울 수 있습니다. 독서리스트가 쌓이는 모습을 직접 확인하면 '나도 해낼 수 있는 사람이구나'라는 자신감을 얻게 될 것입니다. 자신감이란 결국 자신의 노력을 기억할 때 생겨나는 감정이니까요.

이처럼 독서리스트는 단순히 읽은 책을 기록하는 것을 넘어 그 시기에 내가 어떤 고민을 가지고 있었는지, 그리고 어떤 책을 읽으며 이를 해결해 나갔는지 분석할 수 있게 해줍니다. 이를 통해 미래의 내가 어디로 나아가야 할지까지 생각해 볼 수 있습니다. 또한 내 노력의 발자취를 되돌아보며 자신감까지 만들어 줍니다.

독서리스트에 들어가야 하는 항목

그렇다면 독서리스트는 어떻게 만들면 좋을까요? 독서리스트를 만드는 방법은 아주 간단합니다. 독서리스트를 표로 만들고, 다음의 항목을 채워 넣으면 됩니다.

① [번호]를 적으세요. 번호를 적으면 몇 권을 읽었는지 바로 알 수 있습니다.

② [제목]과 [저자]는 기본 정보이니 꼭 적어 주세요.

③ [장르]를 적으면 어떤 분야의 책을 주로 읽었는지 쉽게 알 수 있습니다.

④ [출판사]도 적어 두면 좋은데, 출판사는 보통 출간하는 책의 성향이 비슷한 경우가 많습니다. 예를 들어 이 책을 출판한 '천그루숲'은 직장인들에게 도움이 되는 실용적인 책들을 주로 출판합니다. 《생각정리독서법》이 유용했다면, 같은 출판사의 다른 책도 비슷한 결을 가진 책이어서 도움이 될 거예요.

번호	제목	저자	장르	출판사	시작일	종료일	키워드	점수
1	그리스인 조르바	니코스 카잔차키스	고전문학	열린책들	25/01/01	25/01/17	#인생명작 #삶의철학	10
2	월든	헨리 데이비드 소로우	외국 에세이	은행나무	25/01/18	25/01/28	#자연주의 #간소한삶	9
3	생각의 탄생	로버트 루트번스타인	인문교양	에코의 서재	25/02/05	25/02/28	#창조성 #생각도구	8
4	당신은 완선히 충전됐습니까?	톰 래스	자기관리	위너스북	25/03/01	25/03/20	#에너지충전 #번아웃극복 #휴식	8
5	생각정리스킬	복주환	자기계발	천그루숲	25/03/23	25/04/17	#업무필수책 #실용서 #일잘러	8
6	소년이 온다	한강	한국소설	창비	25/04/18	25/04/23	#노벨문학상 #한국근현대사	10

⑤ [시작일]과 [종료일]을 적으면 언제부터 언제까지 책을 읽었는지 독서 시기를 알 수 있고, 완독 여부도 확인할 수 있습니다.

⑥ [해시태그] 등으로 책의 [주요 키워드]를 적어 두면 나중에 책을 찾을 때 유용합니다.

⑦ 끝으로 [점수]를 매겨서 나중에 다시 읽을 책을 결정하거나 다른 사람에게 추천할 때 참고할 수 있습니다.

독서리스트를 인쇄해서 관리할 경우, A4용지 기준으로 한 페이지에 25권 정도 기록하는 것을 추천합니다. 이 정도면 칸 크기도 적당하고, 1년 또는 6개월, 3개월에 25권 읽기에 도전할 만한 숫자입니다. 3개월마다 25권씩 읽으면 1년에 100권을 읽는 셈이죠. 1년 동안 4장의 독서기록장을 채우면 성취감도 커지고 책을 읽는 재미도 느끼게 될 겁니다.

03

노션을 활용해
독서리스트 만들기

과거에 저는 독서리스트를 손으로 작성했습니다. 아날로그 방식으로 종이에 적다 보면 디지털로는 느낄 수 없는 느긋하고 따뜻한 감성을 느낄 수 있습니다. 하지만 읽은 책이 점점 많아지면서 목록을 관리하기가 어려워졌고, 독서리스트와 독서노트를 연동해 함께 관리하면 더 좋겠다는 생각이 들었습니다. 기록한 내용을 쉽게 찾고, 이를 활용해 콘텐츠를 만들 수 있는 효과적인 관리방법을 고민하던 중 독서정리와 지식관리에 유용한 **디지털 노트 '노션'**을 사용하게 되었고, 지금도 잘 활용하고 있습니다.

최고의 올인원(All-in-one) 디지털 노트, 노션

노션(Notion)은 가장 인기 있는 디지털 노트 중 하나입니다. 노션의 기능이 워낙 뛰어나서, 저는 회사 운영뿐만 아니라 콘텐츠 개발과 집필에도 노션을 적극 활용하고 있습니다. 또한 기업과 대학에서 노션 활용방법에 대해 강의할 정도로 노션 마니아이기도 합니다.

노션은 쉽게 설명하면 디지털 스크랩북이라고 할 수 있습니다. 여러 가지 자료와 아이디어를 담을 수 있는 디지털 노트죠. 메모는 물론이고 일정관리와 프로젝트관리까지 할 수 있습니다. 텍스트, 표, 이미지, 링크 등을 쉽게 삽입할 수 있고, 직관적인 인터페이스여서 사용도 편리합니다. 검색도 잘되고, AI 기능까지 있습니다. 가장 좋은 점은 스마트폰과 컴퓨터가 서로 연동되기 때문에 실시간으로 동기화가 된다는 점입니다. 한마디로 **노션은 디지털 노트의 끝판왕**이라고 할 수 있습니다.

노션은 최고의 독서 기록장

노션을 처음 사용하는 분이라면 메모나 체크리스트를 적는 것부터 시작하면 쉽게 입문할 수 있고, 차근차근 고급 기능을 하나씩 사용해 보면 좋습니다. 독서리스트를 만들 때는 엑셀 형식의 '데이터베이스' 기능을 활용하면 독서리스트뿐만 아니라 기억에 남는 독서 노트까지 한번에 관리할 수 있습니다. 데이터베이스는 데이터를 체계적으로 저장하고 관리하는 노션의 주요 기능입니다.

여기에서는 노션 사용법보다 노션을 활용해 독서정리를 어떻게 할 수 있는지 예시를 통해 설명해 드리겠습니다.

1) 독서리스트 데이터베이스

노션의 데이터베이스 기능을 활용하면 독서리스트를 효과적으로 분류하고 정리할 수 있습니다. 앞에서 설명한 독서리스트의 항목들을 노션에서 바로 입력하면 됩니다.

노션을 활용한 독서 리스트

⊞ 표   ⧉ 갤러리

독서리스트 DB

📖 제목	👤 저자	≔ 장르	▤ 출판사	⊙ 읽기 상태	≔ 키워드	↗ 문장채집 DB
📄 그리스인 조르바	니코스 카잔자키스	고전문학	열린책들	독서 완료	#인생명작 #삶의철학 #자유와 열정	
📄 월든	헨리 데이비드 소로	외국 에세이	은행나무	독서 완료	#자연주의 #간소한삶 #문명사회비판	📄 p.108
📄 생각의 탄생	로버트 루트번스타인	인문교양	에코의 서재	독서 완료	#창조성 #생각도구 #천재들의발상법	
📄 당신은 완전히 충전됐습니까?	톰 래스	자기관리	위너스북	독서 완료	#에너지충전 #번아웃극복 #휴식 #내적동기	📄 p.37
📄 생각정리스킬	복주환	자기계발	천그루숲	독서 전	#업무필수책 #실용서 #일잘러 #생각정리의기술	📄 p.21
📄 소년이 온다	한강	한국소설	창비	독서 중	#노벨문학상 #한국근현대사 #5.18민주화운동	

+ New page

2) 독서리스트 갤러리형 보기 전환

노션의 데이터베이스를 갤러리형 보기로 전환하면 책의 표지 등을 포함해 독서리스트를 앨범 형태로 볼 수 있습니다.

3) 독서정리 원페이지 관리

독서 내용을 노션으로 정리하면 독서리스트, 문장 채집, 독서노트 등 다양한 정보를 한 페이지에서 확인할 수 있어 관리가 편리해집니다.

노션을 활용해
독서노트 만들기

앞서 노션으로 독서리스트를 만드는 방법을 알아봤는데, 노션에 만들어 둔 독서리스트에서 책 제목을 클릭하면 바로 독서노트 페이지를 확인할 수 있습니다. 아날로그 방식은 독서리스트와 독서노트를 따로 관리해야 하는 불편함이 있었습니다. 하지만 **노션을 활용하면 독서리스트와 독서노트를 한번에 관리할 수 있고, 검색 기능을 활용해 내용도 빠르게 검색할 수 있습니다.**

스마트폰이나 컴퓨터만 있으면 언제 어디서든 편리하게 독서노트를 작성할 수 있습니다. 또한 사진이나 링크 기능을 활용해 관련 자료를 추가해 내용을 더욱 풍성하게 만들 수 있습니다. 그리고 노션의 장점은 **독서노트 템플릿을 만들어 필요한 내용을 편리하게 정리할 수 있다는 겁니다.** 독서노트 템플릿을 활용하면 독서노트를 만드는 데 시간을 단축할 수 있습니다.

[독서노트 템플릿]

항목	내용
1) 도서 기본 정보	장르, 제목, 부제, 저자 이름, 출판사 등 기본정보를 적어 보세요.
2) 주요 내용	책의 줄거리를 나만의 방식으로 요약해 보세요.
3) 느낀 점	책을 읽으며 떠오른 생각이나 아이디어, 느낀 점 등을 적어 보세요.
4) 적용할 점	책에서 배운 것을 삶이나 업무에 어떻게 적용할지 적어 두면 좋습니다.
5) 기억하고 싶은 문장	책을 읽으며 기억하고 싶은 문장을 중간중간 타이핑해 두세요. 참고로 노션의 관계형 데이터베이스 기능을 활용하면 추후에 기억하고 싶은 문장만 따로 모아볼 수 있습니다.

[독서노트 템플릿 활용 예시]

도서 정보

1. 장르 : 외국 에세이
2. 제목 : 월든
3. 부제 : 대자연의 예찬과 문명사회에 대한 통렬한 비판이 담긴 불멸의 고전
4. 출판사 : 은행나무
5. 저자 : 헨리 데이빗 소로우

저자이자 세계 문학 사상 그 유례를 찾아볼 수 없는 특이한 책 이라고 불리는 《월든》을 쓴 헨리 데이빗 소로우. Henry David Thoreau는 1817년 7월 12일 매사추세츠 주의 콩코드에서 태어나 1862년 5월 6일, 결핵으로 45세의 나이에 눈을 감은 미국의 저술가이다. 하버드 대학을 졸업했으나 부와 명성을 줄 수 있는 안정된 직업을 갖지 않고 측량일이나 목수일 등 노동으로 생계를 유지하면서 글을 썼다. 1845년 그는 월든 호숫가의 숲 속에 들어가 통나무집을 짓고 밭을 일구면서 모든 점에서 소박하고 자급자족하는 생활을 2년간에 걸쳐 시도하기도 한다.

1. 주요 내용

《월든》은 이 숲 생활의 산물이다. 그러나 이 책은 단순히 숲 생활의 기록이 아니라, 자연의 예찬인 동시에 문명사회에 대한 통렬한 풍자이며, 그 어떤 것에 의해서도 구속받지 않으려는 한 자주적 인간의 독립 선언문이기도 하다.

2. 느낀 점

책을 읽으며 '내 삶에서 진짜 중요한 건 무엇일까?'라는 질문을 던지며, 원하는 삶을 위해 작은 변화부터 시작해야겠다는 다짐을 한다.

3. 적용할 점

하루 15분이라도 디지털 기기에서 벗어나 자신을 돌아보는 시간을 가져보기
불필요한 물건과 활동을 줄이고, 정말로 필요한 것에 집중하기
운동, 독서, 일기 쓰기, 생각 정리를 평생 습관으로 만들어가기

4. 기억하고 싶은 문장

내가 숲으로 들어간 것은 인생을 의도적으로 살아보기 위해서였다. 다시 말해 인생의 본질적인 사실들만을 직면해보려는 것이었으며 인생이 가르치는 바를 내가 배울 수 있는지 알아보고자 했던 것이다. 그리하여 마침내 죽음을 맞이했을 때 내가 헛된 삶을 살았구나 하고 깨닫는 일이 없도록 하기 위해서였다.

리뷰를 통해
세상과 소통하고 성장하는 법

독서리스트와 독서노트를 통해 생각을 차곡차곡 모았다면, 그 내용을 바탕으로 도서 리뷰(서평)에 도전해 보세요. 리뷰를 작성하면 자연스럽게 책의 내용과 생각을 정리할 수 있을 뿐만 아니라, 저자와 소통할 기회도 생깁니다. 아마 독자분들은 '내가 쓴 리뷰를 저자가 보진 않겠지'라고 생각하겠지만, 전혀 그렇지 않습니다. 저자들은 책을 쓰고 나면 독자들의 리뷰가 올라오기만을 기다립니다. 마치 셰프가 음식을 내놓고 손님들의 반응을 기다리듯이요. '도움이 많이 되었다'는 긍정적인 리뷰를 보면 큰 보람을 느끼고, 건설적인 비판에 대해서는 개선할 아이디어를 얻기도 합니다. 때로는 독자의 리뷰가 다음 책의 아이디어로 이어지기도 합니다.

저자는 독자가 있어 존재합니다. 독자를 위해 책을 쓰는 것이니 독자가 없다면 책의 의미도 없습니다. 많은 독자들이 책을 읽고 공감해 주면 그만큼 책의 생명력도 길어지고 저자에게도 다음 책을 쓸 힘이 됩니다.

　SNS에 리뷰를 남겼다면 저자의 이름을 해시태그로 달거나, 결과물을 저자에게 메시지로 보내 보세요. 저자가 그 메시지를 보면 큰 행복과 보람을 느낄 겁니다.

짧은 리뷰부터 시작하기

　책을 읽고 리뷰를 올려보고 싶은데, 어디서부터 어떻게 시작해야 할지 방법을 모르는 분들도 있을 거예요.

　가장 빠른 방법은 짧은 리뷰부터 시작해 보는 겁니다. 책을 구매했던 온라인 서점 사이트에 리뷰를 달아보는 거예요. 긴 리뷰가 부담스럽다면 짧은 리뷰부터 작성해 보세요. 예를 들어 책을 읽기 전 기대된다는 문구를 쓰거나, 책을 읽고 나서 내용을 요약하며 어떤 점을 느꼈고, 이 책을 추천하는 이유는 무엇인지 등을 적으면 됩니다. 이때 다음과 같은 템플릿을 활용하면 도움이 됩니다.

　기본적인 템플릿을 활용해 리뷰를 작성하는 것만으로도 책 내용을 충분히 정리할 수 있습니다. 미리 독서노트를 작성해 두었다면 약간만 다듬어 올리면 되기 때문에 시간이 많이 절약됩니다. 이렇게 작성된 리뷰를 온라인 서점에 남겨 보세요.

[도서 리뷰 템플릿]

항목	세부 내용
1) 책 기본 정보	제목, 저자, 출판사, 출간일 등 기본적인 정보
2) 책 내용 요약	한 줄로 이 책이 다루는 핵심내용을 요약
3) 책의 특징	이 책만의 독특한 특징이나 차별점 소개
4) 책을 보고 느낀 점	책을 읽고 느낀 점, 새롭게 배운 내용, 떠오른 아이디어, 실천하고 싶은 부분 등
5) 책을 추천하는 대상과 이유	이 책을 누구에게 추천하고 싶은지, 그리고 그 이유

1) 《생각정리독서법》은 오랜 독서 경험을 가진 복주환 저자가 쓴 네 번째 생각정리 시리즈다.

2) 이 책에는 책을 제대로 읽고, 내 생각을 정리하며, 나를 성장시키는 방법이 담겨 있다.

3) 이 책의 가장 큰 특징은 독서 초보도 쉽게 읽을 수 있고, 매우 실용적이라는 점이다. 처음부터 끝까지 순서대로 읽으면 책과 친해지는 법, 독서 습관을 만드는 법, 책 내용을 이해하고 생각을 정리하는 법, 그리고 독서 실행 계획을 세우는 법을 자연스럽게 익힐 수 있다.

특히 Part 3 책 요약 정리법과 Part 4 내 생각 정리법은 책을 깊이 이해하고, 제대로 읽고 요약하는 방법을 배울 수 있도록 돕는다. 이 Part에서 책의 여백에 내 생각을 정리하며, 자신을 성장시키는 데 필요한 구체적인 방법도 제시한다.

4) 책을 읽으며 떠오른 생각들을 책 여백에 기록해 보니 그 효과

를 바로 느낄 수 있었다. 이어서 노선을 활용해 독서리스트를 만들고, 독서노트를 작성하며 체계적인 독서 습관을 만들어 갈 계획도 세웠다. 기회가 된다면 저자가 운영하는 생각정리 독서모임에 참석해 독서활동을 더욱 이어가고 싶다. 앞으로 독서를 평생 습관으로 삼아 삶을 긍정적으로 변화시키고자 한다.

5) 책과 친해지고 싶은 사람들, 다양한 독서정리법이 궁금한 사람들, 독서를 통해 자신을 성장시키고 싶은 사람들에게 이 책을 강력히 추천한다.《생각정리독서법》은 독서를 통해 성장하고, 인생을 바꾸고 싶은 이들에게 든든한 가이드가 될 것이다.

좋은 리뷰를 쓰고 싶다면 다른 사람들의 리뷰를 자주 읽어 보세요. 그들이 어떻게 글을 쓰는지 읽다 보면 리뷰 쓰기 실력도 점차 향상될 겁니다. 리뷰어들의 목소리는 누군가의 선택에 도움을 주고, 영향을 미칩니다. **누군가는 여러분의 리뷰 덕분에 좋은 책을 만나 인생이 바뀔지도 모릅니다.**

여기서 한 단계 더 나아가 차별화를 시키고 싶다면, 여러분이 가진 재능을 활용해 콘텐츠를 발전시켜 보는 겁니다. 도서 리뷰 내용을 기초로 영상을 만들 수도 있고, 책에 대한 내용을 이미지로 만들 수도 있습니다.

리뷰어로 성장하는 방법

리뷰어로 성장하고 싶은 분들을 위해 몇 가지 아이디어를 소개해 드릴게요. 가장 좋은 방법은 **리뷰를 원 소스 멀티 유즈**(One Source Multi-Use)해 보는 겁니다. 쉽게 말해 **하나의 콘텐츠를 여러 매체에 다양한 방식으로 재발행해 보는 것입니다.**

읽은 책에 대해 서점에 리뷰를 남겼다면, 그 리뷰를 어디엔가 보관해야 합니다. 이때 나만 볼 수 있는 개인적 공간에 기록할 수도 있지만, 조금 더 용기를 내어 네이버 블로그나 카카오 브런치 같은 플랫폼에 옮겨 정리해 보면 어떨까요? 이렇게 공유하면 단순한 기록을 넘어, 여러분의 자산이자 포트폴리오가 될 수 있습니다. 제가 아는 분 중 평범한 직장인이 있었는데, 그분은 책을 읽고 내용을 정리해 블로그에 꾸준히 리뷰를 올렸습니다. 단순히 책 내용만 올리지 않고, 자신이 경험하고 느낀 점 등을 담아 공유했습니다. 그러자 한 대기업에서 그의 블로그를 보고 감명을 받아 마케터로 스카우트 제의까지 받았습니다. 그는 블로그를 넘어 인스타그램 등 SNS까지 영역을 확장하더니 지금은 유튜브 크리에이터로도 활발하게 활동하고 있습니다.

저는 독서 관련 팟캐스트나 유튜브 채널에 많이 출연했습니다. 그때마다 채널을 운영하는 분에게 채널을 어떻게 시작하게 되었냐고 물으면 대부분 책을 좋아하고, 기록하고 공유하는 것을 즐겨 취미로 시작했다고 합니다. 그리고 책을 읽고 저자와 소통하고 싶은 마음에 인터뷰 채널을 운영하다 보니, 출판사에서 광고료를 지급할 정도로 영향력이 커졌다고 합니다. 이것도 취미가 직업이 된 사례입니다. 책을 좋아하는 사람이라면 책과 관련한 일을 업으로 삼는 것도 큰 복이라고 생각합니다.

블로그에 리뷰 올리는 방법

그렇다면 블로그에 리뷰를 어떻게 올리면 좋을까요?

우선 자신의 블로그에 카테고리를 만들어 보세요. 책 리뷰만 기록할 공간이라면 책의 장르별로 카테고리를 만들 수 있겠죠. 이때 차별성을 두고 싶다면 '이럴 때 추천하는 책'과 같은 제목을 만들어 보는 것도 좋습니다. 예를 들어 '우울할 때 읽으면 좋은 책' '행복을 만들어 주는 책' '힐링이 되는 책' '똑똑해지는 책' 등으로 카테고리를 만들어 두면 분류하기도 쉽고, 구독자 입장에서 흥미를 갖고 찾아보기에도 좋습니다.

그리고 블로그에서는 **내용만큼 중요한 것이 '배너'**입니다. 유튜브에서는 썸네일이라고 하는데, 여러분이 시간과 노력을 들여 쓴 리뷰를 많은 사람이 볼 수 있게 하려면 배너 디자인에 신경 써야 합니다. 제목이나 컬러, 이미지를 잘 고려해 구독자들의 관심을 끌어보세요. 배너를 만드는 연습을 하다 보면 콘텐츠 기획과 마케팅 능력 도 함께 향상될 겁니다.

국내외 리뷰 사례

지금까지 국내외에서 제가 쓴 책에 대해 정말 많은 리뷰를 봤습 니다. 그중에는 감탄이 나올 만큼 창의적이고 감동적인 리뷰들도 있 었습니다. **좋은 리뷰들의 공통점은 책의 핵심을 잘 정리하고, 독자 분들의 생각을 일목요연하게 담아냈다는 점입니다.** 심지어 책을 추 천하는 이유까지 구체적으로 적어 주신 분들도 많았습니다.

특히 단순한 글 리뷰를 넘어 창의적인 방식으로 콘텐츠를 만들어 주시는 분들도 많았습니다. 예를 들어 마인드맵으로 책 내용을 정리 하거나 웹툰으로 표현해 주기도 하고, 영상 크리에이터들은 책의 내 용을 영상으로 제작하기도 합니다. 이색적인 공간에서 책 표지를 찍 어 올리는 분들도 있죠.

다른 분들은 어떻게 리뷰를 작성했는지 살펴보고, 여러분만의 창 의적인 콘텐츠로 발전시켜 보세요. 처음에는 짧은 리뷰라도 꾸준히 공유하고 나누다 보면 어느 순간 여러분도 영향력 있는 독서 크리에 이터로 성장해 있을 거예요. 생각만 해도 멋지지 않나요?

[국내 인스타그램 및 해외 페이스북 리뷰]

[해외 유튜브 리뷰]

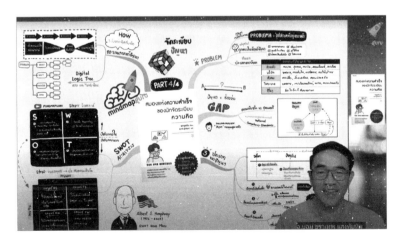

3장

책 읽기가 더
좋아지는 방법

01

나만의
독서 아지트 만들기

여러분은 나만의 독서 아지트 '슈필라움'이 있나요? 아마 '슈필라움'이라는 단어를 처음 듣는 분들도 있을 텐데요, 독일어 '놀이(슈필, spiel)'와 '공간(라움, raum)'을 합쳐 만든 말입니다. 다른 사람에게 방해받지 않고 휴식을 취하고 여유를 가질 수 있는 나만의 공간, 아지트를 의미합니다. 이 단어는 김정운 교수가 《바닷가 작업실에서는 전혀 다른 시간이 흐른다》라는 책에서 소개한 개념인데, 그는 "자신의 아지트, 즉 슈필라움이 있는 사람들이 더 행복하다"고 말합니다.

책과 함께하는 나만의 아지트

저의 첫 번째 '슈필라움'은 군대의 도서관이었습니다. 군대가 편안한 곳은 아니었지만, 도서관은 저에게 정말 편안하고 소중한 공간이었습니다. 책을 너무 좋아해 활자에 중독될 정도로, 늘 손에서 책을 놓지 않았던 제가 가장 힘든 시간을 겪었던 때가 바로 군에 입대해 훈련소에서 책을 읽을 수 없었을 때였어요. 당시 저는 훈련소에서 읽을 만한 것을 발견하면 그조차도 감사해하며 열심히 읽었습니다. 국방일보, 미니 성경, 미니 불경, 그리고 수첩에 적힌 좋은 글들까지. 그마저도 부족하니 어떻게 하면 좋을까 생각하다 메모장을 펼쳐 내 머릿속에 있는 생각을 정리하기도 했습니다.

다행히 훈련을 마친 후에는 책 읽기 문화가 활성화된 부대에 배치되었습니다. 군대 내에 연등실이라는 공간이 있는데, 15명 정도 들어가는 작은 도서관이었습니다. 이곳에는 매달 베스트셀러와 신간도서가 들어왔습니다. 정기적으로 책이 들어오는 날은 제가 가장 기다리는 날이기도 했죠. 군대에서는 장병들에게 독서를 장려했고, 저처럼 책을 좋아하는 사람들에게는 완벽한 독서시간이 보장되어 정말 좋았습니다.

그런데 생각보다 많은 이들이 도서관에 오지 않았습니다. 입대 전에는 책을 좋아하는 사람들이 많을 거라 생각했는데, 실제로는 그렇지 않다는 걸 그때 처음으로 알았습니다. 꾸준히 책을 읽는 사람이 100명 중 5명도 채 되지 않는다는 사실은 적지 않은 충격이었죠.

그래도 덕분에 군대 도서관은 늘 한적하고 여유로웠습니다. 이용하는 사람이 많지 않기 때문이죠. 도서관은 책을 좋아하는 몇몇 사람들에게 최고의 '슈필라움'이 되었습니다. 누구의 방해도 받지 않고 책 속에 몰입할 수 있는 최고의 공간이었죠. 많은 사람에게 군 생활이 지루하고 힘들게 느껴지겠지만, 저는 독서를 통해 꿈을 꾸고, 미래의 나를 준비하는 시간으로 삼았습니다. 군대를 '꿈대'라고 부르며 최선을 다해 군 생활을 보낼 수 있었습니다.

나만의 슈필라움은 어디인가요?

슈필라움은 단순히 물리적 공간만을 의미하지 않고, 정신적으로 나를 편안하게 해주고 몰입할 수 있는 공간을 말합니다. 슈필라움이라고 해서 꼭 특별한 장소일 필요는 없습니다. 책을 읽고 생각을 정리할 수 있는 조용한 구석이나, 음악을 들으며 편히 쉴 수 있는 공간이면 충분합니다. 예를 들어 어떤 사람에게는 카페 구석이 슈필라움이 될 수 있고, 또 다른 사람에게는 조용한 공원 벤치가 될 수도 있습니다. 중요한 건 어디서든 마음을 내려놓고 책에 몰입할 수 있는 나만의 공간을 만드는 것입니다. 이 공간에서는 책을 읽을 수도 있고, 글을 쓰거나 생각을 정리할 수도 있습니다.

여러분의 슈필라움은 어디인가요? 나만의 아지트, 슈필라움을 만들어 보세요. 책 읽는 시간이 더 행복해질 겁니다.

02

나만의 서재 만들기

책을 좋아하는 사람들은 언젠가 나만의 서재를 가지고 싶다는 꿈이 있습니다. 책을 좋아하게 되면 점점 책을 소장하고 싶어지고, 멋지게 진열하고 싶어지거든요. 소장은 단순히 책을 소유하는 것이 아니라, 오랫동안 두고두고 읽고 싶은 책을 가까이에 두고 싶다는 마음에서 시작된다고 생각합니다.

학창 시절엔 노트북도 스마트폰도 없던 때라 책 속 좋은 문장을 공책에 일일이 적어 두곤 했습니다. 좋은 문장을 기록하는 시간이 늘어나면서 책 읽는 속도는 점점 느려졌습니다. 특히 빌린 책은 반납하기 전에 최대한 많은 부분을 기록해야 했기 때문에 집에 가서 기록하려다 잊어버리거나, 결국 다 적지 못한 적도 많았습니다.

경제적으로 어려운 상황에서도 꼭 소장할 가치가 있다고 판단되는 책들이 있습니다. 두고두고 읽고 싶은 책, 평생 함께하고 싶은 책,

언제 다시 봐도 영감을 줄 수 있는 책들 말이죠. 그렇게 소중하다고 생각한 책들은 직접 사서 소장하기 시작했습니다. 밑줄을 긋고, 여백에 생각을 정리하고, 저자와 대화하듯 책 속에 제 아이디어와 계획을 적어 나갔습니다.

책이 조금씩 늘어나자, 책을 보관할 작은 책꽂이 하나를 구입했습니다. 이것이 제 서재의 시작이었습니다. 시간이 지나면서 책이 점점 더 늘어났고, 독립한 뒤에는 작은 방에 한 칸짜리 책장을 들였습니다. 거기에 높낮이 조절이 가능한 편안한 리클라이너 책상도 함께 놓았죠. 작은 책장과 책상이 제 공간으로 들어오자 인테리어 취향이 점점 확고해지기 시작했습니다. 책을 중심으로 홈스타일링을 하게 된 거죠.

조금 더 큰 집으로 이사하면서 거실 벽면엔 TV 대신 책장을 채웠고, 우드 테이블을 두어 책으로 둘러싸인 공간을 만들었습니다. 강연을 하고 책을 집필하기 위한 개인 사무실이 생기자 사무실 역시 책을 중심으로 곳곳에 편안한 의자와 소파들을 배치해 독서하기 좋은 공간으로 직접 인테리어를 했습니다.

독서가가 책을 분류하는 법

어느덧 시간이 흘러, 집과 사무실에는 수천 권의 책이 진열되어 있습니다. 집에는 인문서나 에세이처럼 편안하게 읽을 수 있는 책들이 주로 있고, 사무실에는 생각정리와 관련된 연구서적들과 전문서적들이 가득합니다.

책이 많아지면 '어떻게 그 책들을 다 기억하고 찾을까?'라고 궁금해할 수 있습니다. 하지만 **책을 좋아하는 독서가들에게는 자신만의 기억법이 생기기 마련입니다.** 도서관의 십진분류법처럼 엄격하지는 않지만, 저는 제 나름대로의 기준으로 서재를 정리합니다.

가령 요즘 관심 있는 주제의 책들은 서가의 가장 눈에 띄는 중앙에 배치하고, 비슷한 주제끼리 나란히 정리합니다. 예를 들어 소설, 철학, 교육학, 심리학 등의 주제로 책을 분류해 두는 겁니다. 또 책의 높낮이를 맞춰 깔끔하게 정리하거나, 책의 색깔에 맞춰 배치하면 보기에도 한결 더 좋습니다.

서재 인테리어 노하우

서재 인테리어를 고민하는 분들께 몇 가지 팁을 알려 드리면, 가장 중요한 건 **의자**입니다. 의자가 편해야 오래 앉아서 책을 읽을 수 있거든요. 책상에 앉아 책을 읽고 글을 쓰는 시간이 많아지면 허리가 아플 때가 많은데, 편안하고 건강하게 독서생활을 하기 위해서는 가장 먼저 의자에 투자를 해보세요. 그다음으로는 **책상**이 중요합니다. 책상의 폭은 짧은 것보다는 긴 것이 좋습니다. 공간이 넓을수록 책, 노트, 필기도구, 노트북 등을 편하게 올려둘 수 있기 때문입니다. 앉았다 일어났다 할 수 있는 모션 데스크라면 더욱 좋습니다.

책이 많아지면 방 한편에 **책장**을 배치하는 것도 좋습니다. 이때 책장이 책상과 연결되면 더 깔끔하고 효율적인 공간 구성이 가능합니다. 공간상의 이유로 책장이 부담스럽다면 책상 위에 놓을 수 있는 작은 **책꽂이**를 사용해 보는 것도 추천드립니다. 가격도 저렴하고, 약 15권 정도의 책을 보관할 수 있어 작은 공간에 적합합니다. 이동식 책꽂이도 추천할 만합니다. 필요에 따라 쉽게 위치를 바꿀 수 있어 실용적입니다.

그리고 분위기를 만들어 주는 건 **조명**입니다. 저희 집과 사무실에는 크고 작은 조명들이 많이 배치되어 있는데, 은은한 주광색 불빛이 책 읽기 좋은 분위기를 만들어 줍니다.

만약 하나 더 추가한다면 **스피커**인데요. 소설이나 책을 읽을 때 어울릴만한 재즈나 클래식 음악을 틀어놓고 독서를 해보세요. 음악과 함께 커피를 마시며 독서하고 생각을 정리하는 그 시간이 얼마나 행복한지 모릅니다.

인생은 시간과 공간으로 이루어져 있다고 하죠. **책으로 둘러싸인 공간은 책을 좋아하는 독서가들에게 가장 편안하고 행복한 공간입니다.** 지금 당장은 아니더라도, 책이 점점 더 많아지면 언젠가 나만의 서재가 생길 거예요. 그때 **여러분이 꿈꾸는 서재는 어떤 모습인가요?** 책과 함께하는 나만의 공간은 어떤 모습일지 한번 머릿속으로 그려 보길 바랍니다.

03

책과 관련된
공간 찾아가기

책과 친해지는 방법 중 하나는 **여행을 떠나듯 서점을 찾아가 보**는 것입니다. 같은 이름을 가진 서점이라도 지역마다 각각의 개성을 가지고 있습니다. 교보문고의 경우 서울, 부산, 대구 등 위치에 따라 책을 분류하고 진열하는 방식도 다르고, 추천하는 큐레이션 서적도 각각 다릅니다.

제가 이처럼 여러 서점을 찾는 이유 중 하나는 그곳에서만 만날 수 있는 책들이 있기 때문입니다. A서점에서 찾지 못한 책을 B서점에서 발견했을 때의 그 기쁨이 있습니다. 한번은 서울의 작은 독립 서점에서 오래전에 절판된 책을 우연히 발견한 적이 있는데, 어딘가 숨겨져 있던 보물을 찾아낸 듯한 느낌이 들었습니다.

작은 서점과 중고서점의 매력

특정 주제에 집중한 서점이나 해외 서적만을 파는 이색적인 서점을 **탐방**하는 것도 좋은 방법입니다. 예를 들어 파주출판단지에는 독특한 서점들이 많이 모여 있습니다. 그곳에서는 감성적인 카페와 서점이 어우러져 있어 책을 읽으며 느긋하게 시간을 보내기 좋습니다.

작은 서점이지만, 사장님의 감성과 독특한 큐레이션이 돋보이는 곳들도 있습니다. 그곳에서 만난 독립출판물과 소규모 출판사의 책들을 통해 평소 접하지 못했던 새로운 시선을 발견할 수 있었습니다.

책을 사랑하는 사람이라면 중고서점은 빼놓을 수 없는 공간입니다. 특유의 낡은 종이 냄새는 감성을 자극하고, 오래된 명저나 절판된 책을 저렴하게 구할 기회도 많습니다. 저도 예전에 동대문의 한 중고서점에서 오랫동안 찾던 고전을 발견한 적이 있었는데, 그때의 기쁨은 아직도 생생합니다.

저는 오래된 책이 가지고 있는 시간의 흔적을 좋아합니다. 한 권의 오래된 책에는 그 책을 소유했던 누군가의 이야기와 시간이 함께 담겨 있습니다. 그래서 중고서점은 단순히 책을 파는 곳이 아니라, **시간과 추억을 함께 파는 공간**이라고 느껴집니다. 여러분도 중고서점의 감성을 꼭 한번 경험해 보길 바랍니다.

해외 서점에서 느끼는 색다른 문화

해외로 나갈 기회가 있다면 그 나라의 서점을 꼭 방문해 보세요. 저는 해외여행을 갈 때마다 서점을 빼놓지 않고 들르는 편인데, 해외 서점은 각 나라의 문화와 독서 취향을 엿볼 수 있는 좋은 공간입니다.

도쿄에 출장을 갔을 때 일본의 대표 서점인 준코도서점과 츠타야 서점을 방문했는데, 일본 특유의 감각적인 디자인과 섬세한 큐레이션이 매우 인상적이었습니다. 특히 츠타야서점에서는 책뿐만 아니라 다양한 문구와 예술작품도 함께 전시되어 있어, 마치 작은 예술박물관에 온 듯한 느낌을 받았습니다.

'외국어를 못하는데 서점에서 뭘 어떻게 봐야 할까?'라고 고민할 수 있겠지만, 걱정하지 않아도 됩니다. 요즘 스마트폰 번역 기능이 워낙 뛰어나 책 표지를 카메라로 비추기만 해도 바로 번역이 가능합니다. 이 기능을 활용하면 세계 어느 서점에서도 책을 편하게 살펴볼 수 있습니다.

도서관에서의 힐링

도서관 역시 책과 친해질 수 있는 장소입니다. 만약 **집과 가까운**

곳에 지역 도서관이나 공공 도서관이 있다면 한번 찾아가 보세요. 조용한 분위기에서 책을 읽다 보면 온전히 나만의 시간을 가질 수 있습니다. 저는 종종 집 근처 숲속에 있는 작은 도서관을 마치 나만의 비밀 아지트처럼 생각하며 쉬는 날마다 들러 힐링 시간을 갖습니다.

책과 가까워지기 위해서는 단순히 읽는 것만이 아니라, 책이 있는 다양한 공간을 직접 경험해 보는 것이 좋습니다. 그 공간에서 책과 더 친해지게 될 겁니다.

독서모임에 참석하기

혼자 책을 읽는 것이 어렵다면 독서모임에 참석해 보는 것도 좋은 방법입니다. 최근에는 온·오프라인을 통해 다양한 독서모임이 활성화되어 있어 쉽게 참여할 수 있습니다. 독서모임의 장점은 다양한 사람들이 같은 책을 읽고 의견을 나누며 서로의 관점과 생각을 들을 수 있다는 점입니다. 이를 통해 미처 생각하지 못했던 새로운 해석이나 통찰을 얻을 수 있습니다. 또한 혼자서는 끝까지 읽기 어려운 책도 함께 읽으면 자연스럽게 동기부여가 되고, 읽는 즐거움도 배가됩니다. 지속적인 독서 습관도 만들 수 있으니 독서모임에 한번 참석해 보세요.

04

저자 강연회
참석하기

만약 책을 쓴 저자가 강연을 한다면 꼭 한번 찾아가 보세요. 책을 읽는 것만으로도 많은 것을 얻을 수 있지만, 저자의 목소리로 그 책의 내용을 들어보면 책을 읽을 때 저자가 내 옆에서 직접 이야기해주는 것처럼 훨씬 더 생생하게 느껴집니다.

인사이트로 가득 찬 저자 강연회

과거에는 지금처럼 온라인 강연이 많지 않아 저자 강연회를 직접 찾아다녀야 했습니다. 교보문고나 예스24, 알라딘 같은 서점에서 저자 강연회 정보를 보면서 찾아갔고, 지역 도서관에서 열리는 행사까지 챙겨 들으러 다녔습니다. 특히 대학교에서 열리는 명사특강도 좋은 기회였습니다. 그때마다 저는 항상 맨 앞자리에 앉아 초롱초롱하게 눈을 뜨고 저자를 바라보며 집중했습니다. 강연을 통해 저자의 목소리로 책에 담기지 않은 이야기까지 들을 수 있어 책 내용을 훨씬 더 깊이 이해할 수 있었습니다. 책을 읽고 궁금한 내용은 잘 정리해 두었다가 저자에게 직접 질문할 수 있었고, 책과 관련된 고민을 나누고 즉각적인 피드백을 받을 수 있는 기회도 얻을 수 있었습니다. 강연가가 꿈이었던 저는, 자신만의 콘텐츠로 멋지게 강연하는 저자들의 모습을 보며 언젠가 훌륭한 저자이자 강연가가 되고 싶다는 꿈을 키울 수 있었습니다.

무료강연과 유료 특강

혹시 여러분도 책과 더 친해지고 싶은가요? 그렇다면 저자의 강연을 찾아보세요. **가까운 시, 군, 구에서 주관하는 무료강연도 많습니다.** 현수막에 걸린 저자 강연이나 문화행사 안내를 잘 보면 누구나 무료로 참석할 수 있는 기회가 많습니다.

필요하다면 **유료 특강**에 참석해 보는 것도 도움이 될 거예요. 제가 책을 쓰고 강의를 하면서 느낀 건, 책만으로는 제가 알고 있는 모든 것을 다 전달하기 어렵다는 점입니다. 예를 들어 생각정리 방법을 설명할 때, 생각을 시각화하고 그것을 분류하고 배열하는 과정을 글로만 설명하기에는 한계가 있습니다. 하지만 강의를 통해 그 과정을 화면으로 보여주고, 말로 직접 설명하면 훨씬 더 쉽게 배울 수 있습니다. 이처럼 강의에서는 책에서 다루기 어려운 실질적인 팁과 노하우를 더욱 효과적으로 전달할 수 있습니다.

  여러분이 만나고 싶은 저자는 누구인가요? 그 저자와의 만남이 책과 더 친해지는 계기가 될 수 있습니다. 언젠가 저와도 온·오프라인에서 직접 만날 수 있는 날이 오길 바랍니다(《생각정리독서법》 워크숍과 관련해서는 '생각정리클래스' 홈페이지를 참고하세요).

생 각 정 리 독 서 법

Part 2

나에게
좋은 책을
찾는 방법

1장

어떤 책을 어떻게
읽어야 할까?

01

지식인의 서재를 만나다

　지금쯤 여러분은 '나는 어떤 책을 읽어야 할까?' 하고 고민하고 있을 겁니다. 좋은 사람을 만나야 내 인생도 좋아지는데, 그럼 책도 마찬가지 아닐까요? 우리의 시간과 비용은 한정적이기 때문에 책을 고를 때도 신중하게 선택해야 합니다.

　이럴 때 추천도서 목록은 큰 도움이 됩니다. 인터넷에서 검색하면 ○○대학 추천도서나 도서관 추천도서 등 다양한 목록을 찾을 수 있습니다. 그런데 문제는 추천도서가 워낙 많다는 겁니다.

　저는 과거에 어떤 책을 읽어야 할지 고민을 하며 추천도서 목록을 찾던 중 인생의 나침반이 되어 줄 '추천도서 목록'을 발견했습니다. 그 도서목록에 있는 추천도서들은 내 인생의 길잡이가 되어, 독서가로 성장하는 데 큰 도움이 되었습니다.

지금의 나를 만든 곳, 〈지식인의 서재〉

누구나 인생을 살다 보면 힘든 시기가 있습니다. 저의 경우 20대 초반 아버지를 갑자기 떠나보내고 힘든 시간을 보냈습니다. 제 인생에서 처음 겪은 가장 큰 시련이었습니다. 하루하루가 두렵고 막막했지만, 그럼에도 이 고통을 이겨내고 싶었습니다. 세상에 희망을 전하는 강연가가 되겠다는 꿈만은 포기할 수 없었고, 그 꿈이 저를 버티게 한 유일한 힘이었습니다.

어떻게 하면 꿈을 이룰 수 있을지, 이 어려움을 극복하기 위해 무엇을 하면 좋을지 고민했습니다. 대학과 도서관에서 추천한 도서들을 읽어 보았고, 저자 특강과 북토크에 직접 찾아가 강연을 듣기도 했습니다.

바로 그때, 네이버에서 〈지식인의 서재〉라는 시리즈가 연재되기 시작했습니다(지금은 〈지서재, 지금의 나를 만든 서재〉로 이름이 변경되었습니다). 이 시리즈를 보고, 마치 보물을 발견한 듯 가슴이 뛰었습니다. 평소 호감을 가지고 만나고 싶었던 작가, 교수, 미술가, 박사뿐만 아니라 영화감독과 배우까지, 제가 좋아했던 많은 분들이 등장해 그들의 인생 책을 추천해 줬기 때문입니다.

그들의 추천도서는 인생의 길을 찾고 있던 저에게 정말 의미 있는 정보였습니다. 언젠가 한 번쯤 만나보고 싶었지만 쉽게 만날 수 없는 사람들, 가까이서 지켜보고 배우고 싶었던 이들이 읽고 추천한

생각정리독서법

책이라니. 이 책들을 읽으면 언젠가 그분들과 대화를 나눌 수 있을 만큼 성장할 수 있겠다는 희망이 생겼습니다.

한 명당 추천하는 책은 보통 30권 정도로, 그들의 인생에 지대한 영향을 미친 책들이었습니다. 한 권 한 권 고심하며 추천한 책이니, 그들이 추천하는 책을 읽으면 '이런 게 바로 양서구나'라고 느껴질 정도였습니다.

시간이 흐르며 〈지식인의 서재〉에 책을 소개하는 지식인들이 점점 늘어났고, 그들의 추천도서가 쌓이면서 방대한 데이터가 만들어졌습니다. 그리고 네이버는 이 데이터를 분석해 지식인들이 공통적으로 추천한 도서 랭킹을 공개했습니다. 이 목록이야말로 꼭 읽어야 할 책이라는 생각이 들었습니다. 수많은 지식인들이 공통적으로 추천한 책이라면 분명 이유가 있을 거라고 믿었습니다. 그래서 저는 지식인들이 가장 많이 추천한 책들을 1위부터 차례대로 읽어 나갔습니다.

물론 그중에는 어렵고 난해한 책들도 있었지만, 읽을수록 그들이 왜 이 책들을 공통적으로 추천했는지 알 수 있었습니다. 하나같이 훌륭한 양서들이었고, 책을 읽을 때마다 깨달음의 연속이었거든요.

읽기에 속도가 붙으며 책에 점점 더 빠져들었습니다. 모든 책을 사볼 수 있는 형편이 되지 않았기에 날마다 도서관에 찾아가 책을 빌려봤습니다. '도서관은 **나의 심장이다**'라는 나만의 슬로건을 만들기도 했습니다. 그만큼 간절했습니다.

빌릴 수 있는 책이 10권 이내로 한정되어 있었는데, 그 책들을 가방에 넣고 다니며 길을 걸어가면서도, 버스로 이동을 하면서도, 밥을 먹으면서도 읽고 또 읽으며 생각을 정리했습니다. 〈지식인의 서재〉는 제 인생에 큰 힘이 되었고, 책을 통해 얻은 지혜와 용기 덕분에 역경을 극복하며 성장할 수 있었습니다. 저는 〈지식인의 서재〉에서 소개했던 목록이 여러분에게도 유익할 거라 믿습니다. 저처럼 추천도서 목록을 1위부터 순서대로 읽는 것도 좋지만, 어떤 책을 먼저 읽을지는 여러분의 선택입니다. 제목을 보며 끌리는 책부터 선택해 읽어 보세요. 만약 더 많은 책을 찾고 싶다면 네이버 〈지식인의 서재〉 페이지에 들어가 여러분이 좋아하는 분이 추천한 책이 무엇인지 살펴보고, 그중에서 가장 끌리는 책부터 먼저 읽어 보세요.

〈지식인의 서재〉가 아니더라도 자신에게 맞는 추천도서 목록을 찾아보길 바랍니다. 이 과정을 통해 여러분도 독서와 친해지게 되고, 그로 인해 삶에 긍정적인 변화가 일어나게 될 것입니다.

[지식인 100인의 추천도서 Top 30]

랭킹	도서명	저자명	분야
1	백년 동안의 고독	가브리엘 가르시아 마르케스	소설
2	그리스인 조르바	니코스 카잔차키스	소설
3	생각의 탄생	미셸 루트번스타인 외	인문
4	서양미술사	에른스트 H. 곰브리치	예술/대중문화
5	강의	신영복	인문

6	김수영 전집	김수영	시/에세이
7	일리아스	호메로스	인문
8	참을 수 없는 존재의 가벼움	밀란 쿤데라	소설
9	카라마조프 가의 형제들	표도르 도스토옙스키	소설
10	토지	박경리	소설
11	거의 모든 것의 역사	빌 브라이슨	과학/공학
12	관촌수필	이문구	소설
13	광장/구운몽	최인훈	소설
14	뜻으로 본 한국역사	함석헌	역사/문화
15	아내를 모자로 착각한 남자	올리버 색스	과학/공학
16	어린 왕자	앙투안 드 생텍쥐페리	소설
17	유혹하는 글쓰기	스티븐 킹	인문
18	이기적 유전자	리처드 도킨스	과학/공학
19	로마인 이야기	시오노 나나미	역사/문화
20	문학과 예술의 사회사	아르놀트 하우저	역사/문화
21	빈 서판	스티븐 핑커	과학/공학
22	삼미 슈퍼스타즈의 마지막 팬클럽	박민규	소설
23	오래된 미래	헬레나 노르베리 호지	시/에세이
24	우울과 몽상	에드거 앨런 포	소설
25	월든	헨리 데이비드 소로	시/에세이
26	전쟁과 평화	레프 톨스토이	소설
27	죄와 벌	표도르 도스토옙스키	소설
28	총, 균, 쇠	재레드 다이아몬드	역사/문화
29	칼의 노래	김훈	소설
30	픽션들	호르헤 루이스 보르헤스	소설

(출처 : '지식인의 서재' 100회 기념 특집, 네이버 '지서재, 지금의 나를 만든 서재')

02

사실 인문고전은 재미있다

〈지식인의 서재〉를 포함해 대학이나 기관의 추천도서 목록을 보면 인문고전이 상당 부분을 차지하는 걸 볼 수 있습니다. 그런데 최신 베스트셀러나 트렌디한 주제로 신간이 쏟아져 나오는 이 시대에 굳이 옛날 책, 그것도 읽기 힘든 인문고전을 읽어야 할까요?

독서의 깊이가 깊어질수록 우리는 좋은 책, 양서를 찾게 됩니다. 그리고 이런 과정을 거치다 보면 자연스럽게 인문고전의 세계로 들어가게 됩니다. 인문고전은 우리가 흔히 생각하는 '어렵고 고리타분한 책'이라는 편견과 달리, 오히려 '재미있고 신선한 책'인 경우가 많습니다. 생각해 보세요. 인문고전은 적게는 수십 년, 많게는 수천 년을 견디며 살아남은 책입니다. 수도 없이 많은 사람들이 읽어왔다는 것이죠. 그럼 그 이유가 뭘까요? 그만큼 유익하고, 재미있고, 감동적이라는 거겠죠. 영화도 마찬가지입니다. 오래되었지만 꾸준히 사랑

받는 명작 영화들을 보세요. 오래되었으니까 지루할 것이라는 편견과 달리, 시간을 초월한 재미와 감동을 줍니다. 많은 사람들이 '고전은 어렵다'고 생각할지 모르지만, 고전 문학에 한번 빠져본 사람은 고전이 주는 즐거움과 감동을 잘 알고 있습니다.

저의 경우 예술고등학교에서 연극영화를 전공한 덕분에 고전 문학을 일찍 접할 수 있었습니다. 연극영화과 수업에서는 셰익스피어, 안톤 체호프, 막심 고리키와 같은 내문호들의 작품을 소리 내어 읽고, 연극 장면으로 재해석하는 시간이 많았습니다. 이강백의《칠산리》, 안톤 체호프의《갈매기》와《청혼》, 막심 고리키의《밑바닥에서》, 브로드웨이 뮤지컬〈레미제라블〉〈West side story〉〈Fame〉과 같은 명작을 연극과 뮤지컬로 표현했던 그 시간과 감동을 아직도 잊지 못합니다. 또한 연극 수업의 일환으로 한 편의 시를 외워 친구들 앞에서 낭독하는 시간은 감수성을 키우는 소중한 경험이었습니다.

물론 모든 인문고전이 쉽지는 않습니다. 철학 입문자들도 어렵다고 말하는 3대 서적, 임마누엘 칸트의《순수이성비판》, 게오르크 헤겔의《논리학》, 마르틴 하이데거의《존재와 시간》의 경우 시작부터 이해하지 못하고 결국 손을 들고 말았습니다. 그렇다고 책 읽기를 포기하진 않았습니다. 톨스토이의《이반 일리치의 죽음》처럼 감동을 준 책도 있었고, 쇼펜하우어의《문장론》, 동양고전인《채근담》등 삶에 도움이 되는 실용적인 인문고전부터 다시 도전했습니다. 이 책들은 인문고전이라는 타이틀을 달고 있지만 생각보다 어렵지 않아 쉽게 몰입할 수 있었습니다.

만약 인문고전에 대한 두려움이 있다면 도스토옙스키의 《죄와 벌》을 한번 읽어 보세요. 손에 땀이 날 정도로 긴장감 넘치는 전개에 순식간에 빠져들 수 있습니다. 톨스토이의 《부활》도 마찬가지입니다. 그 안에 담긴 이야기의 깊이와 감동이 굉장히 클 거예요. 이런 책을 한 권만 읽어도 알게 될 겁니다. 오래 살아남은 책이란 결코 어려운 책이 아니라, 오히려 더 쉽고 흥미롭게 읽을 수 있는 책이라는 것을요.

인문고전은 단순히 과거의 유물이 아니라, 현대에도 여전히 유의미한 이야기들을 담고 있는 책입니다. 그리고 그 이야기들은 지금 우리가 살아가는 세상과도 깊은 연관이 있습니다. 고전을 읽는다는 것은 단지 옛날이야기를 탐구하는 것이 아니라, 지금 우리의 삶과 사고를 더 깊이 이해하고 넓히는 과정입니다.

그러니 인문고전을 두려워하지 마세요. 천천히 한 권씩 읽어 나가다 보면 어느 순간 그 책들이 가진 매력과 가치에 여러분들도 깊이 빠져들 겁니다.

03

같은 책이 매번
다르게 보이는 이유

'분명 좋은 책이라고 했는데, 나에게는 왜 어렵지?'

좋은 책이라고 추천을 받아, 그 책을 읽으려고 했는데 너무 어렵다고 느낄 때가 있습니다. 또 〈지식인의 서재〉 추천도서 목록을 보면 제목만 봐도 어렵다고 느껴져 '제목만 봐도 어려운 걸 보니 별로인가 봐' '이 책은 나랑 맞지 않나 봐'라는 생각이 먼저 듭니다. 이처럼 추천도서로 인해 오히려 책과 더 멀어진다면 그것만큼 아쉬운 일이 또 어디 있을까요?

책을 읽는 과정은 성장과 맞물려 있다

저도 추천받은 책들을 읽으면서 어렵다는 생각을 참 많이 했던 것 같습니다. 특히 인문고전을 읽을 때는 처음엔 정말 벽처럼 느껴지는 책들이 많았습니다. 예를 들어 막스 피카르트의《침묵의 세계》를 처음 접했을 때는 '과연 이 책을 제대로 이해할 수 있는 사람이 있을까?'라는 생각이 들 정도로 어려웠습니다. 철학적 개념들이 너무 추상적으로 다가와 처음에는 페이지를 넘기기도 힘들었습니다. '내가 이 책을 읽기엔 너무 부족한가?'라는 생각에 스스로 실망하기도 했죠.

하지만 독서를 꾸준히 하고, 1년 뒤에 그 책을 다시 펼쳤을 때 놀랍게도 이해되는 부분들이 하나둘씩 생기기 시작했습니다. 여전히 어려운 부분도 있었지만, 이전에는 전혀 감이 오지 않던 내용들이 어렴풋하게나마 맥락이 이해되는 경험을 했습니다.

그리고 3년 뒤 다시 읽었을 때는, 책의 주요 개념들이 전혀 다르게 보였습니다. 단어 하나하나가 명확하게 다가오고, 당시의 저에게는 그 철학적 질문들이 매우 현실적인 문제처럼 느껴졌습니다.

5년 뒤에 읽었을 때는 '말 이전에 침묵이 있구나' 하는 큰 깨달음을 얻어 '침묵에 관해' '생각에 관해' 사색을 하게 되었고, 그 결과 말하기와 글쓰기를 동시에 잡는 방법을 담은《생각정리스피치》를 출간할 수 있었습니다.

이 경험을 통해 책을 읽는 과정은 자신의 성장과 맞물려 있다는 사실을 깨닫게 되었습니다. 내가 아는 만큼, 경험한 만큼 책이 보인다는 것입니다.

이와 비슷한 경험은 헤르만 헤세의 《데미안》을 읽으면서도 했습니다. 처음에는 내용이 너무 어렵게 느껴졌습니다. 주인공이 내적 갈등을 겪으며 성장하는 이야기라는 건 알겠지만, 그 깊이 있는 메시지를 온전히 이해하진 못했습니다. 그런데 **몇 년 후**, 그 책을 다시 읽었을 때는 헤세가 표현하고자 했던 '자기 자신과의 싸움'이 얼마나 중요한 주제인지 새롭게 느낄 수 있었습니다.

《데미안》을 처음 읽었던 그 당시의 저는 중학교를 졸업하고 예고 입학 후 새로운 환경에서 고민을 하던 때였고, 헤세의 문장이 제 상황과 맞물리면서 더 깊이 다가왔던 기억이 납니다. 흥미로운 사실은 대학에 갈 때, 군에 입대했을 때, 성인이 되어 새로운 환경에 놓였을 때마다 《데미안》을 보면 내가 성장한 모습에 따라 새로운 책이 되어 나타난다는 거였습니다.

이런 경험들을 통해 책은 단지 글자들의 나열이 아니라, 내 삶의 순간과 함께 호흡하는 존재라는 걸 깨달았습니다. 그러니 **지금 당장은 이해가 되지 않더라도 포기하지 않는 게 중요합니다.** 나의 수준에 맞는 책을 꾸준히 읽어 나가며 독서 수준을 조금씩 높이는 과정이 필요합니다. 처음엔 다 이해하지 못할 수도 있지만, 시간이 지나고 경험이 쌓이면 어렵게만 느껴졌던 책도 어느 순간 쉽게 이해되고, 그 안에 담긴 메시지가 눈에 보이는 순간이 찾아옵니다. 결국 내가 성장한 만큼 책이 보입니다. 그러니 포기하지 마세요. 계속해서 책을 펼쳐보세요. 그러면 책 속의 세계가 점점 더 넓고 깊게 보일 겁니다.

04

걸러도 될 책, 빌려 볼 책, 소장할 책

많은 사람들이 독서에 흥미를 느끼지 못하는 이유 중 하나는 자신에게 맞지 않는 책을 선택했기 때문입니다. 책이 너무 어렵거나, 주제가 재미없거나, 흥미를 끌지 못하면 독서는 즐거운 활동이 아니라 지루한 일로 변합니다. 나와 잘 맞는 사람을 만나면 시간이 빠르게 가지만, 그렇지 않은 사람과 함께 있을 때는 시간이 느리게 가는 것과 비슷합니다. 그래서 책을 잘 고르는 능력은 독서의 즐거움을 좌우하는 중요한 기술입니다. 저는 책을 고를 때 '걸러도 될 책' '빌려볼 책' '소장할 책'이라는 기준을 가지고 있습니다.

걸러도 될 책

'책을 걸러야 한다니, 무슨 말이지?' 우리가 모든 사람과 친해질 수 없듯이, 모든 책이 나에게 맞지는 않습니다. 책을 읽는 데는 시간이 소요됩니다. 따라서 나에게 맞지 않는 책을 걸러내는 것도 중요한 과정입니다. 저는 다음과 같은 책들은 과감하게 걸러냅니다.

1) 목적에 맞지 않는 책

서점에서 '베스트셀러니까 한번 읽어 볼까?' 하는 생각으로 책을 구입했지만 나와 맞지 않는 책이라는 걸 경험한 적이 있을 겁니다. 이처럼 목적에 맞지 않거나 당장 필요한 내용이 아니라면 그 책은 굳이 살 필요도, 읽을 필요도 없습니다. 우리의 시간과 예산은 한정되어 있기 때문입니다. 그러므로 책을 선택할 때에는 자신의 필요와 목적에 맞게 신중하게 고르는 것이 중요합니다.

2) 수준에 맞지 않는 책

내용이 너무 어려워 소화하기 힘든 책도 있을 수 있습니다. 그런 경우에는 입문서로 기초를 다진 후에 다시 도전하는 것이 좋습니다. 만화를 활용하거나, 유튜브에서 쉽게 소개된 영상을 본 뒤에 다시 책을 읽어보는 것도 좋은 방법입니다.

3) 허술하거나 읽기 힘든 책

번역서 중에는 종종 원서의 매력을 제대로 살리지 못하거나 번역이 어색한 책이 있습니다. 또한 누가 봐도 허술하게 만들어진 책들도 있죠. 만약 이런 느낌이 든다면 **더 나은 번역본을 찾아보거나 아예 다른 책을 선택**하는 것이 더 좋습니다.

이처럼 자신에게 맞지 않는 책을 걸러내는 기준을 세우면 더 의미 있는 독서를 할 수 있습니다.

빌려 볼 책

모든 책을 다 사서 볼 필요는 없습니다. 요즘은 도서관, 전자책, 오디오북 등 다양한 방법으로 책을 빌릴 수 있습니다. 빌려 보면 좋은 책은 어떤 것이 있을까요?

1) 흥미는 있는데 확신이 들지 않는 책

이 책이 나와 잘 맞는지 알아보고 싶은 책들은 빌려 보세요. 책을 **읽어 보고 정말 좋으면 그때 소장해도 늦지 않습니다.** 기대와 달랐다면 깔끔하게 반납하면 그만이죠.

2) 업무나 과제를 위해 잠깐 필요한 책

어떤 책은 한 번만 읽으면 충분한 경우도 있습니다. 업무나 과제를 위해 잠깐 봐야 하는 책은 도서관에서 빌려 보는 것이 더 경제적입니다.

3) 특정 분야나 주제에 대해 탐구하고 싶을 때

책을 읽다 보면 특정 주제나 분야에 푹 빠져서 더 깊이 알고 싶어질 때가 있습니다. 다양한 관점과 지식을 접하다 보면 어느새 수십 권 때로는 수백 권까지 읽게 되기도 하는데, 모든 책을 소장하기엔 현실적으로 부담이 됩니다. 이럴 땐 도서관에서 필요한 책을 빌려서 중요한 부분을 발췌해 기록해 두거나 정말 필요한 책만 구입하는 것도 현명한 방법입니다.

소장할 책

어떤 책은 읽다 보면 소장하고 싶다는 마음이 듭니다. 이런 책들은 볼 때마다 지혜를 주고 새로운 아이디어를 만들어 줍니다. 소장 가치가 있는 책은 맛있는 커피와 같습니다. 정말 맛있는 커피는 식어도 본래의 맛을 잃지 않고 여운을 남기죠. 좋은 책도 마찬가지입니다. 소장할 만큼 좋은 책은 시간이 흘러도 그 가치를 잃지 않고, 다시 펼쳐 봐도 새로운 감동을 전해 줍니다. 서재에 이런 책들이 하나 둘씩 늘어가는 것은 독서가로서 정말 큰 행복입니다. 그럼 소장할 만한 책의 기준은 무엇일까요?

1) 나만의 명작

누구나 아는 명작도 있지만, 내 마음을 두근거리게 하고 오래 기억에 남는 책이라면 소장할 가치가 있습니다. 저에게는 《소크라테스의 변명》《논어》《그리스인 조르바》《생각의 탄생》《월든》《상실의 시대》《죽음의 수용소에서》《당신은 완전히 충전됐습니까?》《인간 등정의 발자취》같은 책들이 보고 또 보고 싶은 저만의 명작입니다.

2) 영감을 주는 책

어떤 책은 언제 다시 봐도 새로운 아이디어가 떠오릅니다. 때로는 표지와 제목만 봐도, 책의 디자인만 봐도 영감을 얻을 때가 있습니다. 저에게는 《책상은 책상이다》《다산선생 지식경영법》《바바라 민토 논리의 기술》《오리지널스》《에디톨로지》《취향을 설계하는 곳, 츠타야》《배우수업》등이 있습니다.

3) 기대 이상인 책

가끔 '와! 이 책은 정말 기대 이상이다!'라고 느끼는 책을 만날 때가 있습니다. 이런 책들은 우리가 생각지도 못한 부분까지 채워 줍니다. 예를 들어 어떤 독자가 단순히 '독서 정리법'이 궁금해서 이 책 《생각정리독서법》을 선택했다고 가정해 볼게요. 그런데 책을 읽다 보니 책 내용 정리, 내 생각 정리를 할 수 있는 방법뿐만 아니라, 독서에 대한 동기부여, 독서 습관 만드는 방법, 추천도서 리스트, 노선을 활용한 정리법, 심지어 서재 정리법까지 담겨 있습니다. 이런 책을 만나면 어떤 기분이 들까요? 아마 '이 책 정말 좋다!' '기대 이상이었어!'라는 말이 저절로 나올 겁니다.

이처럼 독자의 필요와 저자가 제시하는 해결책이 맞아떨어질수록 그 책은 독자에게 더 큰 가치를 전해 줍니다. 더 나아가 내가 미처 생각하지 못했던 부분까지 채워 주는 책을 만났을 때 '이 책이 바로 내가 찾던 책이야'라는 감탄이 절로 나옵니다. 저 역시 그런 책들을 소중히 간직하고 있으며, 저자로서도 늘 그러한 책을 쓰기 위해 노력하고 있습니다.

책을 고를 때 걸러야 할 책, 빌려 볼 책, 소장할 책으로 구분하는 자신만의 기준을 만들어 보세요. 그런 기준이 생기면 책을 고르는 즐거움이 배가되고, 독서의 만족감도 더 높아질 것입니다.

05

책,
꼭 끝까지 읽어야 할까?

많은 분들이 책을 읽을 때 '끝까지 읽어야 한다'는 부담을 느끼곤 합니다. 여러분은 어떻게 생각하나요? 책을 끝까지 읽어야 한다고 생각하나요? 혹은 항상 끝까지 읽나요?

저는 책을 끝까지 읽을지 말지는 책을 읽는 목적에 따라 선택합니다. 트렌드를 파악하기 위한 책, 공부를 위한 책, 업무에 도움이 되는 책, 단순히 즐기기 위한 책 등 책을 고르는 데는 다양한 목적이 있습니다. 책은 그 목적에 맞게 읽는 것이 더 중요하다고 생각하기 때문에, 꼭 끝까지 읽을 필요는 없다고 봅니다. 그럼 언제 끝까지 읽어야 하고, 언제 중간에 그만 읽어도 되는 걸까요?

이럴 땐 끝까지 읽는다!

여러분은 어떤 책을 끝까지 읽나요? 저의 경우 책이 제공하는 모든 지식을 얻고 싶을 때 또는 책에 담긴 저자의 생각이 모두 궁금할 때 끝까지 읽습니다.

1) 전체적인 지식이 필요할 때

공부나 학습적인 목적이 있을 때는 처음부터 끝까지 읽는 것이 좋습니다. 전체적인 맥락을 이해하고, 정보를 완전하게 습득해야 하기 때문이죠. 특히 어떤 개념이나 이론을 깊이 이해하고 싶을 때는 책을 끝까지 읽어야 전체적인 흐름을 파악할 수 있습니다.

예를 들어 교육학을 공부하는 학생이 있다고 해볼게요. 교육학의 기본 원리부터 이론의 흐름을 제대로 이해하려면 《교육학 개론》의 책을 처음부터 끝까지 읽어야 전반적인 구조와 상호작용을 파악할 수 있습니다. 도중에 멈추면 중요한 개념들이 어떻게 연결되는지 이해하기 어렵겠죠. 그래서 이런 경우에는 끝까지 읽는 것이 필수적입니다.

2) 저자의 결론이 궁금할 때

어떤 책을 읽다가 초반에 큰 영감을 받았을 때에는 저자가 마지막에 어떤 결론을 내릴지 궁금해집니다. 이런 책은 끝까지 정독하게 되죠. 예를 들어 저는 다니엘 핑크의 《새로운 미래가 온다》라는 책에서 '미래 인재의 6가지 조건'에는 어떤 내용들이 있는지 궁금해서 끝까지 읽었습니다.

또한 몰입감 있는 소설은 끝까지 읽게 만듭니다. 조지 오웰의 《1984》를 보면, 전체주의 사회 속에서 주인공이 정부의 감시와 통제에 저항하려고 애쓰는 모습이 그려집니다. 그의 반란이 어떤 결말을 맞이할지, 이 사회에서 진정한 자유가 가능할지에 대한 궁금증이 생겨 책을 끝까지 손에서 놓을 수 없었습니다.

이럴 땐 끝까지 읽지 않는다!

반대로 책을 끝까지 읽지 않아도 되는 경우도 많습니다. 오히려 이런 경우가 더 많을지도 모릅니다. 어떤 경우가 있을까요?

1) 필요한 부분만 골라 읽고 싶을 때

요즘은 읽어야 할 책이 너무 많습니다. 그럴 때는 목차를 보고 필요한 부분만 골라서 읽는 것이 더 효율적일 때가 있습니다. 예를 들어 실용서나 자기계발서는 지금 당장 필요한 챕터나 궁금한 부분만 읽어도 충분히 도움이 됩니다.

생각정리독서법

2) 내 스타일이 아니거나, 내용이 부실할 때

가끔 책을 읽다가 내 스타일이 아니라고 느낄 때가 있습니다. 내용이나 문체, 책의 스타일이 나와 맞지 않거나, 읽으면서 흥미가 생기지 않으면 억지로 끝까지 읽을 필요가 없습니다. 독서도 즐거워야 하니까요. 억지로 읽다 보면 책 읽는 재미를 잃게 될 수 있거든요. 그럴 땐 오히려 다른 책을 읽는 게 더 좋다고 생각합니다.

또한 책이 기대와 다르게 핵심이 없거나, 근거나 자료가 빈약한 경우도 있습니다. 이런 책은 굳이 끝까지 읽지 않아도 됩니다. 실질적으로 도움이 되지 않는 책이라면 시간을 아껴서 다른 좋은 책을 읽는 것이 더 낫겠죠.

3) 수준이 맞지 않을 때

내 지식수준에 맞지 않는 책들도 있습니다. 너무 전문적이거나 어려운 내용이라면 억지로 읽는 것보다, 기초적인 책을 먼저 읽고 나중에 다시 도전하는 것이 더 좋습니다.

책을 끝까지 읽어야 한다는 부담감 때문에 아예 책을 시작하지 못하는 분들이 있습니다. **중요한 것은 책을 끝까지 읽는 것이 아니라, 한 장을 읽더라도 나에게 도움이 되는 무언가를 얻는 것이 아닐까요?** 꼭 끝까지 읽어야 한다는 생각을 내려놓으세요. 책은 필요한 만큼, 마음이 끌리는 만큼만 읽어도 충분히 의미가 있습니다.

모든 길은 책으로 통한다

고민이 생기면 여러분은 어디서 해결책을 찾나요? 저는 가장 먼저 관련된 책을 펼쳐 봅니다. 책에는 다양한 지혜와 정보가 있어서 문제를 새로운 관점에서 볼 수 있고, 때로는 해결의 실마리도 발견할 수 있거든요. 이러한 경험을 할 때마다 저는 '모든 길은 책으로 통한다'고 생각합니다.

책은 문제해결의 보고

누구에게나 처음이 있습니다. 모든 일을 시작할 때는 막막하고 불안합니다. 무엇부터 어떻게 시작해야 할지 몰라 고민이 됩니다. 저 역시 강의를 처음 시작할 때 무엇부터 어떻게 해야 할지 몰랐습니다. 강사로 데뷔하려면 어떻게 해야 하는지, 강의 콘텐츠를 만들고 시장에 맞는 교육 프로그램을 개발하는 방법도 잘 알지 못했죠. 공개과정을 오픈하려면 사람들을 어떻게 모집해야 할지, 가격은 얼마로 설정해야 할지, 공간은 어디서 구해야 할지 궁금했습니다. 또 기업교육 시장에 진출할 때는 수많은 강사들 사이에서 나만의 전문성을 살리기 위해 어떻게 차별화할 수 있을지, 좀 더 프로페셔널하게 커리큘럼과 제안서를 만들 수 있을지, 수강생들을 대상으로 만족스러운 강의를 진행할 수 있을지 많은 고민이 있었습니다. 이때마다 저는 가장 먼저 책을 찾았습니다.

도서관과 서점에는 관련된 책들이 수백 권이나 있었고, 마치 '당신을 위해 내가 존재해요. 어서 나를 읽어 주세요'라고 말하는 듯 저를 기다리고 있었습니다. 책을 펼치면 문제해결에 필요한 아이디어들이 가득했고, 이를 통해 직면한 문제를 해결해 나갈 수 있었습니다. '생각정리스킬' 콘텐츠를 기반으로 책을 쓸 때도, VOD 강의를 촬영하거나, 다이어리를 제작하거나, 마케팅을 할 때에도 항상 책부터 읽으며 방향을 찾고 문제를 해결해 나갔습니다.

물론 세상에는 문제를 해결할 수 있는 다양한 방법들이 있습니다. 전문가를 직접 만날 수도 있고, 인터넷에서 검색할 수도 있으며, 유튜브와 같은 영상이나 강의를 통해 배울 수도 있습니다. 최근에는 AI도 활용할 수 있죠. 하지만 이 모든 방법 중에서 가장 가성비가 좋은 것이 바로 책입니다. 2만 원도 되지 않는 책 한 권에서 수백만 원짜리 아이디어를 얻거나, 수천만 원의 문제를 해결하는 방법을 찾을 수 있습니다. 게다가 책은 저자가 그 문제를 해결하기 위한 방안을 목차로 체계적으로 잘 정리해 두었기 때문에, 책을 빠르게 읽는 방법만 알면 더욱 신속하게 해결책을 얻을 수 있습니다.

어려울 때일수록 책에서 해답을 찾자

2020년, 코로나 팬데믹 시기는 제가 강의를 하면서 겪었던 가장 큰 어려움의 시기였습니다. 물론 그 시기는 저뿐만 아니라 모두가 힘든 시기였고, 모두가 그 상황을 마주해야 했습니다. 당시 1년 치 강의가 이미 잡혀 있었는데, 코로나가 발생하면서 거의 대부분의 강의가 하루아침에 취소된 것이죠. 다행히 일부 강의는 온라인으로 전환해 진행할 수 있었는데, 무엇부터 어떻게 시작해야 할지 몰라 그야말로 패닉에 빠졌습니다. 정신을 차리고 어려움을 극복하기 위해 선택한 것이 바로 책에서 답을 찾는 것이었습니다.

팬데믹 시기와 관련된 문제들을 분석하고 이를 극복하는 방법들에 대한 책을 읽었습니다. 덕분에 빠르게 사고를 전환할 수 있었고, 포스트 코로나 시대에 발맞춰 디지털 트랜스포메이션을 해야겠다는 생각이 들었습니다. 그래서 자체 강의 웹사이트를 개발하고, 홈페이지를 리뉴얼하여 온라인에서 콘텐츠가 더 잘 노출되도록 디자인했습니다.

또한 AI 기술이 주목받으며 관련 책들이 많이 출간되었는데, 이 책들을 읽으며 생각정리 AI 앱 개발을 시작했습니다. 생각정리 콘텐츠를 알리기 위해 관련 영상을 촬영해 유튜브에 올리고, 여러 유튜브 채널에도 출연했습니다. 온라인 VOD 수업도 녹화해 올렸으며, Zoom 라이브 특강을 진행하기 위해 전문 촬영 스튜디오까지 구축했습니다. 이렇게 책에서 얻은 지식을 기반으로 문제해결 방법을 찾아 발 빠르게 대처할 수 있었고, 그 결과 어려운 시기를 잘 극복할 수 있었습니다.

이후 저와 같이 어려움을 겪고 있는 사람들에게 도움을 주고 싶다는 마음이 생겼습니다. 문제를 해결하고, 새로운 목표를 세우고, 시간을 관리하며 아이디어를 기획했던 저만의 생각정리 노하우를 책으로 정리했습니다. 그렇게 네 번째 책인《당신의 생각을 정리해 드립니다》가 세상에 나왔습니다. 이 책은 또다시 누군가의 고민을 해결해 주는 책이 되었을 거라 믿습니다.

여러분도 고민이 있거나 어떤 문제에 직면했다면 책을 통해 해결책을 찾아보세요. 우리가 겪는 대다수의 문제는 이미 많은 사람들이 경험한 바 있습니다. 또 그 문제를 해결하는 다양한 지혜와 방법들이 책 속에 담겨 있습니다. 독서를 통해 '모든 길은 책으로 통한다'는 사실을 꼭 경험해 보았으면 좋겠습니다.

2장

좋은 책을
고르는 방법

01

목적이 명확하면
필요한 책이 보인다

세상에는 정말 많은 책들이 있습니다. 서점에는 매일같이 새로운 책들이 수없이 들어옵니다. 하지만 우리에게 주어진 시간과 비용은 한정적이라 모든 책을 다 읽을 수는 없습니다. 그렇기 때문에 '책을 잘 고르는 능력'이 중요합니다. 그럼 어떻게 하면 나에게 딱 맞는 좋은 책을 고를 수 있을까요? 책의 핵심을 빠르게 파악하는 방법을 알면 책을 고를 때뿐만 아니라 내용을 이해하는 데에도 도움이 됩니다.

과학적으로 나에게 맞는 책 고르기

책의 핵심을 파악하기 전에, 잠시 알아두었으면 하는 뇌의 기능이 있습니다. 혹시 RAS라고 들어봤나요? RAS(망상활성계시스템,

Reticular Activating System)란 뇌가 중요한 것에 집중하게 돕는 필터 같은 역할을 하는 기능입니다. 쉽게 말해 우리가 관심 있는 것에 더 집중하게 만드는 뇌의 기능입니다.

예를 들어 흰색 운동화를 사고 싶다고 생각하면 갑자기 길에서 흰색 운동화가 자주 보이는 경험이 있을 겁니다. 바로 이때 RAS가 작동한 거죠. 우리가 중요하다고 생각하는 정보는 이 시스템 덕분에 더 잘 보이고, 더 쉽게 눈에 들어옵니다.

책을 고를 때 RAS가 활성화되는 게 필요한 이유는, RAS가 작동하면 내가 필요로 하는 정보를 더 잘 찾아내고, 그 정보에 집중할 수 있기 때문입니다.

명확한 목적을 가지고 책 고르기

그럼 어떻게 RAS를 작동시킬 수 있을까요? 목적이 분명할수록 RAS가 작동해, 그에 맞는 책을 찾는 데 집중하게 됩니다. 그래서 '내가 왜 이 책을 읽으려고 하는가?'를 먼저 생각해야 합니다. 목적이 명확하면 읽어야 할 책이 자연스럽게 눈에 들어오기 때문입니다.

예를 들어 사업에 관한 고민이 있다면 사업에서 어떤 부분이 고민인지 구체적으로 생각해 보세요. 비즈니스 모델이 고민이라면 그 주제를 중심으로 책을 찾아보겠다고 마음 먹고 책을 고르면 됩니다.

만약 인간관계에서 어려움을 겪고 있다면 좀 더 구체적으로 어떤 부분인지 고민해 보세요. 대화법이나 인간관계 개선과 관련된 키워드가 필요하다는 걸 알았다면 그에 맞는 책을 찾아보세요. 만약 자녀 교육에 관심이 있다면 '7살 아이 자녀 교육 방법'처럼 구체적인 키워드를 설정해 보세요. 이렇게 명확한 목적을 가지고 책을 고르면 어떻게 될까요? 서점이나 도서관에서 나에게 필요한 책이 자연스럽게 눈에 들어오고, 표지도 더 눈에 잘 띄며, 내용도 더 잘 인식될 거예요.

책의 핵심을 파악하는
5단계 독서법

RAS를 작동시키려면 책을 고를 때 핵심 키워드를 중심으로 내용을 파악해 보세요. 그럼 RAS가 활성화되어 나에게 맞는 책을 찾는데 도움을 줍니다. 즉, 아무 생각 없이 글을 읽어 나가는 것이 아니라, 표지(제목, 부제, 핵심카피) → 저자 소개 → 서문(머리말) → 목차 → 내용의 순서로 핵심을 파악하며 읽어 보는 겁니다. 그럼 지금부터 핵심을 파악하는 독서법을 순서대로 알아볼까요?

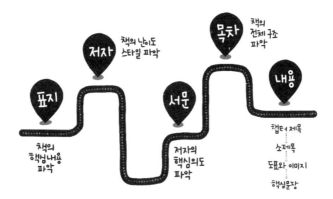

1단계) '표지'에는 책의 힌트가 담겨 있다

책을 고를 때 가장 먼저 보는 것이 표지입니다. 표지에는 제목, 부제, 핵심카피 등이 있으며, 여기에 책의 핵심내용이 담겨 있습니다. 많은 사람들이 표지를 대충 보고 지나쳐 책의 핵심을 놓치는 경우가 많은데, 표지의 내용을 집중해서 봐야 오래도록 기억에 남습니다.

표지를 볼 때는 제목 → 부제 → 핵심카피 → 디자인 요소(색상, 사진 등) 순으로 빠르게 살펴보세요. 이렇게 하면 책의 주요 키워드를 쉽게 파악하고, 표지 디자인을 통해 책의 첫인상을 머릿속에 남길 수 있습니다.

만약 책을 더 확실하게 기억하고 싶다면 제목을 보고 스스로 질문을 던지고 알고 있는 만큼 간단히 답해 보는 것도 좋은 방법입니다. 표지에 있는 단어들을 보며 자유롭게 관련 질문을 만들어 보세요. 이 과정을 통해 핵심 키워드가 더 잘 인식되고, 답을 떠올리면서 자연스럽게 자신의 지식과 연결됩니다. 이렇게 하면 책에 대한 관심이 높아지고, 더 집중해서 읽을 수 있게 됩니다.

2단계) '저자'를 보면 책이 보인다

표지를 봤으면 다음으로 '저자 소개'를 빠르게 확인하는 것이 중요합니다. 책을 볼 때 많은 독자들이 저자 소개를 건너뛰고 본문으로 바로 넘어가곤 하는데, 저자 소개에는 저자의 주요 이력, 경력, 학력, 책을 쓰게 된 배경, 앞으로의 비전 등 책의 내용을 이해하는데 유용한 단서들이 많이 담겨 있습니다.

저자 소개를 통해 독자는 저자가 나의 필요에 맞는 전문가인지, 그의 경험이 내가 찾는 정보와 관련이 있는지를 판단할 수 있습니다. 또한 저자의 이력을 보면 책의 난이도나 스타일도 짐작할 수 있습니다. 예를 들어 연구를 전문적으로 하는 교수가 쓴 책이라면 학술적인 근거가 많고 다소 어렵게 느껴질 수 있습니다. 그러나 저자의 이력에 '우수 강의상 수상'과 같은 경력이 있다면 어려운 내용을 쉽고 재미있게 풀어낼 가능성이 높다고 예상할 수 있습니다. 또한 저자가 실무 경력이 많은 직장인이라면 책에 실질적이고 현업에 바로 적용할 수 있는 내용이 담겨 있을 확률이 큽니다. 이처럼 저자의 이력을 통해 책의 스타일과 내용을 미리 파악할 수 있는 중요한 단서를 얻을 수 있습니다. 그러니 저자 소개를 꼼꼼히 읽어 보세요.

참고로, 저자 소개에는 두 가지 유형이 있습니다. 하나는 공신력을 강조하는 유형이고, 다른 하나는 스토리텔링을 활용하는 유형입니다. **공신력을 강조한 저자 소개**는 저자가 그 분야에서 쌓아온 경력과 전문성을 중심으로 설명하는 방식입니다. 반면, **스토리텔링형 저자 소개**는 저자의 개인적인 경험을 통해 독자에게 더 친근하게 다가가며 신뢰를 쌓는 방식입니다.

3단계) '서문(머리말)'은 책의 미리보기다

저자 소개를 통해 책의 난이도와 스타일을 대략적으로 파악했다면 이제는 서문을 읽을 차례입니다. 서문은 책에 따라 머리말, 프롤로그, 인트로 등으로 표현됩니다. 많은 독자들이 빨리 내용을 보고 싶은 마음에 서문을 건너뛰는 경우가 많은데, 서문은 책의 큰 그림을 이해할 수 있는 중요한 부분입니다. 저는 '서문은 책의 **요약본이다**'라고 말합니다. 책의 서문만 읽어 봐도 그 책이 어떤 내용을 다루고 있는지 개략적으로 알 수 있기 때문입니다.

이는 뇌과학적으로도 학습에 도움이 되는 독서 방법입니다. 우리 뇌는 정보를 이해할 때 '큰 그림'에서 '작은 그림'으로, 즉 숲을 먼저 보고 나무를 보는 방식으로 학습하는 것을 선호합니다. 이렇게 해야 핵심을 먼저 파악할 수 있고, 사전 배경지식이 형성되어 이후의 내용을 더 잘 이해하고 흡수할 수 있기 때문입니다.

서문을 읽으면 저자의 핵심의도와 책의 구조를 파악할 수 있으며, 내가 찾는 정보와 관련이 있는지 쉽게 판단할 수 있습니다. 물론 모든 책이 동일한 구성을 따르지는 않습니다. 예를 들어《생각정리독서법》의 경우, 일반적인 서문과 달리 창의적인 방식으로 시작됩니다. 이렇게 서문이 없거나 창의적으로 시작되는 책도 보통 앞부분에 중요한 구성요소가 담겨 있습니다.

[서문의 구성요소]

1) 공감대 형성 (문제제기)	사람들이 어떤 문제나 어려움을 겪고 있습니다.
2) 책의 목적과 목표	이 책은 그 문제를 해결하기 위해 썼습니다.
3) 책의 주제	이 책은 한마디로 이런 주제를 다룹니다.
4) 저자 소개	저는 이 주제에 대해 말할 수 있는 사람입니다.
5) 추천 독자	이 책은 이런 독자들에게 도움이 될 것입니다.
6) 책의 구성 및 읽는 방법	이 책은 총 몇 장으로 이루어져 있으며, 이런 방식으로 읽으면 더욱 효과적입니다.
7) 기대되는 결과	이 책을 통해 독자들이 문제를 해결할 수 있기를 기대합니다.

서문을 읽을 때는 구성요소의 흐름을 염두에 두고 읽어 보세요. 서문에 들어가는 핵심요소를 알고 있으면 책의 핵심을 쉽게 파악할 수 있습니다.

4단계) '목차'는 책의 로드맵이다

이제 목차를 살펴볼 차례입니다. 목차는 책의 전체 구조를 보여주며, 내가 원하는 정보가 어디에 있는지를 빠르게 파악할 수 있게 해줍니다. 목차는 마치 책의 '지도'와 같아서, 책이 어떤 내용으로 구성되어 있고, 어떤 흐름으로 전개될지를 한눈에 보여줍니다.

목차는 단순히 각 장의 제목을 나열하는 것이 아닙니다. 책의 흐름을 독자에게 안내하고, 어떤 순서로 읽어 나가야 할지 방향을 제시해 주는 역할을 합니다. 또한 목차는 독자가 책을 읽기 전에 전체적인 로드맵을 제공하여 각 장에서 어떤 주제를 다루고, 어디서 답을 찾을 수 있을지 미리 짐작하게 해줍니다. 그렇기 때문에 책을 선택할 때는 목차를 놓치지 않고 꼼꼼히 살펴보는 것이 매우 중요합니다.

① 목차 제목에는 챕터의 핵심이 담겨 있습니다

잘 만들어진 목차 제목은 그 장에서 다룰 핵심내용이 명확히 드러납니다. 이를 통해 독자는 책의 주요 주제를 빠르게 이해하고, 자신이 찾는 정보를 어디서 볼 수 있는지 알 수 있습니다.

② 목차를 보면 책을 읽고 싶은 호기심이 생깁니다

좋은 목차는 단순히 주제를 나열하는 것이 아니라, 독자의 호기심을 자극해야 합니다. 제목을 보고 독자가 '이 장에서는 어떤 내용을 다룰까?'라는 궁금증이 생기도록 구성하는 것이죠. 만약 호기심이 생기지 않는다면 오히려 독자가 제목에 질문을 던지며 스스로 호기심을 유도해 보는 것도 좋은 방법입니다.

③ 목차를 통해 전체 스토리를 이해할 수 있습니다

좋은 목차는 책의 전체 흐름을 한눈에 파악할 수 있게 해줍니다. 목차를 통해 책의 주제와 전개 방향을 자연스럽게 알 수 있어야 하고, 각 장이 하나의 스토리처럼 이어지면 더욱 이해하기 쉬워집니다. 그렇게 되면 책의 큰 그림을 빠르게 파악하고, 내가 찾고 싶은 내용을 쉽게 찾아볼 수 있습니다.

목차는 어떻게 만들어질까요? 목차가 만들어지는 과정을 알고 나면 목차에서 책의 내용을 더 쉽게 파악할 수 있습니다.

우리가 보는 목차의 제목은 최종적으로 다듬어진 결과물입니다. 그리고 그 과정에는 '질문하기 → 답하기 → 제목 각색하기'라는 단계가 있습니다. 이는 주로 책의 저자나 편집자들이 진행하는 과정이죠. 이 과정을 이해하면 단순히 목차 제목을 읽고 끝내는 것이 아니라 '이 제목은 어떤 질문에서 출발했을까?'라는 생각을 하며 책을 읽게 됩니다. 그리고 그 답을 찾는 과정에 집중하게 됩니다. 이렇게 책을 읽으면 각 챕터의 핵심내용과 중요한 키워드를 훨씬 쉽게 파악할 수 있게 됩니다. 실제로 목차가 어떻게 만들어지는지 예시로 보여드릴게요.

① 책의 주제에 대해 질문하기

책의 주제가 결정되면, 저자는 그 주제에 대해 전체적으로 어떤 내용을 다룰지 고민하며 스스로 질문을 던지기 시작합니다. 《생각정리독서법》의 경우, 다음과 같은 질문을 통해 콘텐츠에 대한 생각을 정리했습니다.

Q. 어떻게 하면 책과 친해지고 꾸준하게 독서 습관을 만들 수 있을까?

Q. 나에게 맞는 책을 잘 고르는 방법은 무엇일까?

Q. 책의 내용을 제대로 이해하고 정리하는 방법은 어떻게 될까?

Q. 내 생각을 정리하는 노하우는 무엇일까?

Q. 책을 읽으면 정말 내 인생이 바뀔 수 있을까?

② 질문에 대해 답하기

질문을 던진 후, 간단하게 답을 정리합니다. 다음과 같이 질문에 대한 답을 정리하면서 점차 체계적인 내용이 만들어집니다. 여기서 나오는 예시나 근거, 자료들을 조합해 원고를 만드는 겁니다.

Q. 어떻게 하면 책과 친해지고 꾸준하게 독서 습관을 만들 수 있을까? → 독서의 효과, 책과 친해지기 위한 방법, 독서를 습관으로 만드는 다양한 팁 소개

Q. 나에게 맞는 책을 잘 고르는 방법은 무엇일까? → 핵심을 파악하고 나에게 맞는 책을 고르는 방법, 추천도서 목록 소개

Q. 책의 내용을 제대로 이해하고 정리하는 방법은 어떻게 될까? → 책을 요약하는 방법, 그림으로 정리하는 방법 등 효과적인 정리 방법

Q. 내 생각을 정리하는 노하우는 무엇일까? → 여백 독서법, 댓글 독서법, 편지 쓰기 독서법 등을 통해 내 생각을 체계적으로 정리하는 방법

Q. 책을 읽으면 정말 내 인생이 바뀔 수 있을까? → 저자의 독서 경험을 통해 어떻게 인생이 바뀔 수 있는지 증명

③ 최종적으로 목차 제목 각색하기

이렇게 저자는 책의 주제를 먼저 정한 뒤, 그 주제와 관련된 여러 질문을 스스로에게 던지며 생각을 정리합니다. 그리고 질문에 대한 답을 구체화하는 과정에서 자연스럽게 책의 전반적인 내용을 구성하게 됩니다. 이후 편집자와 함께 목차를 재정비하는데, 이 과정에서 각 장의 내용이 어떻게 연결될지, 어떤 순서로 배치해야 독자들이 읽기 쉽고 자연스럽게 이해할 수 있을지를 고민합니다. 목차를 여러 번 수정하며 더 나은 흐름을 만들고, 독자들의 흥미를 끌기 위한 제목을 신중하게 다듬습니다. 이때 중요한 것은 단순히 호기심을 자극하는 것뿐 아니라 책의 핵심내용을 쉽게 전달할 수 있도록 제목을 각색하는 것입니다.

이렇게 완성된 목차는 독자들이 책을 읽을 때 방향을 잡는 나침반 같은 역할을 합니다. 하지만 독자들은 보통 최종 결과물만 보기 때문에 그 과정이 어떻게 이루어졌는지 잘 알지 못합니다. 만약 독자가 저자의 시각에서 목차를 바라볼 수 있다면 그 목차가 어떻게 구성되었는지, 왜 그렇게 정리되었는지를 더 깊이 이해할 수 있을 겁니다. 이제 저자의 관점에서 목차가 만들어지는 과정을 알게 되었으니, 여러분은 앞으로 목차를 더 세심하게 보게 될 것입니다.

최초 던졌던 질문	각색된 목차 제목
어떻게 하면 책과 친해지고 꾸준한 독서 습관을 만들 수 있을까?	1장 책 읽기의 시작
나에게 맞는 책을 잘 고르는 방법은 무엇일까?	2장 나에게 좋은 책을 찾는 방법
책의 내용을 제대로 이해하고 정리하는 방법은 어떻게 될까?	3장 책 내용 정리법
내 생각을 정리하는 노하우는 무엇일까?	4장 내 생각 정리법
책을 읽으면 정말 내 인생이 바뀔 수 있을까?	5장 나를 성장시키는 독서

5단계) '내용'은 핵심부터 파악한다

표지에서 제목과 부제, 핵심카피를 파악하고, 저자 소개를 통해 저자의 스타일과 난이도를 살핀 후, 목차를 통해 큰 그림을 스토리로 이해했다면 이제 본격적으로 내용을 살펴볼 차례입니다. 책의 내용은 단순히 눈에 보이는 대로 읽기보다는, 각 챕터마다 핵심을 파악하면서 읽는 것이 중요합니다. 이때 1) 챕터 제목 → 2) 소제목 → 3) 도표와 이미지 → 4) 핵심문장 순으로 본다면 내용의 핵심을 더욱 빠르게 파악할 수 있습니다.

1) 챕터 제목

각각의 챕터에는 제목이 있습니다. 챕터 제목은 해당 본문의 핵심 키워드를 나타냅니다. 제목을 보고 이 챕터의 핵심내용이 무엇일지 추측해 보세요. 본문에는 저자의 주장과 뒷받침하는 자료들이 담겨 있을 겁니다. 이렇게 미리 챕터 제목을 보고 내용을 예측하면서 읽으면 본문에 있는 핵심내용을 찾는데 더욱 집중할 수 있습니다. 만약 챕터 제목을 보고 내용에 대한 예측을 다르게 했더라도 '나는 제목을 보며 이런 내용을 예상했지만, 저자는 이렇게 전개했구나'라며 내 생각과 저자의 생각을 대조하며 독서에 몰입할 수 있습니다.

2) 소제목

요즘 책들은 긴 내용을 적절히 나누기 위해 소제목을 자주 사용합니다. 소제목은 해당 부분의 핵심을 담고 있죠. 그래서 **챕터 제목과 소제목만 빠르게 훑어봐도 본문의 주요 키워드와 전체 흐름을 쉽게 파악할 수 있습니다.** 만약 소제목이 없는 경우에는 내용을 스스로 분류하고 그에 맞는 소제목을 생각해 보면 내용을 더 잘 이해할 수 있습니다. 예를 들어 지금 보고 있는 '5단계) 내용' 부분에서는 1) 챕터 제목, 2) 소제목, 3) 도표와 이미지, 4) 핵심문장의 순서로 소제목이 구성되어 있습니다. 이처럼 책을 읽을 때 챕터 제목과 소제목들을 먼저 살펴보고 큰 그림을 머릿속에 그린 후 내용을 읽어 보세요. 책의 전체 흐름이 파악되어 본문 내용을 빠르게 이해할 수 있습니다.

3) 도표와 이미지

저자가 강조하고 싶은 내용이나 핵심은 종종 도표나 이미지로 표현됩니다. 이러한 시각적 정보가 많은 책은 읽기 쉽고, 핵심을 빠르게 파악할 수 있습니다. 만약 읽는 책에 이런 도표나 이미지가 없다면 본문의 내용을 보며 자신의 방식으로 도식화해 핵심을 정리해 보는 것도 좋은 방법입니다. 책의 여백에 본문 내용을 시각화해서 그려 넣으면 글을 요약하는 연습이 되고, 나중에 책을 다시 볼 때 도식화된 이미지만 봐도 내용을 단번에 이해할 수 있습니다.

4) 핵심문장

소제목이나 강조된 문장이 없거나, 긴 문장에서 핵심을 빠르게 찾고 싶다면 문장의 시작이나 끝부분에 주목하세요. **논리적인 글쓰기에서는 보통 결론을 먼저 제시하거나, 시작과 끝에 중요한 요점을 배치하는 경우가 많습니다.** 이 구조를 이해하면 문장의 시작과 끝에서 핵심을 쉽게 찾을 수 있습니다.

또한 책에서 볼드체로 강조하거나 밑줄을 그은 문장들은 저자가 독자에게 가장 전달하고 싶은 핵심 메시지입니다. 시각적으로도 쉽게 확인할 수 있으니 이런 부분은 특히 꼼꼼하게 읽으세요.

항목	포인트
1) 챕터 제목	챕터 제목을 보며 본문의 핵심 키워드와 내용을 예측해 보기
2) 소제목	소제목을 통해 본문이 어떻게 구성되었는지 이해하기
3) 도표와 이미지	도표나 이미지를 보고 주요 내용이 무엇인지 파악하기
4) 핵심문장	문장의 시작이나 끝부분을 보며 핵심 메시지 확인하기

03

핵심파악 독서법이
필요한 이유

앞에서 살펴봤지만 책을 읽을 때는 단순히 순서대로 읽어 나가는 것이 아니라, 표지의 제목과 부제, 저자 소개, 서문의 요점, 목차, 중심 내용의 흐름을 따라가며 읽어야 효과가 있습니다. **책은 핵심에서 점점 부연설명으로 확장하는 흐름으로 설계되기 때문입니다. 그래서 핵심 키워드를 따라가면 내용을 더 쉽게 파악할 수 있습니다.**

실력 있는 저자와 편집자라면 책을 만들 때 중구난방으로 내용을 구성하는 것이 아니라, 핵심에서 시작해 내용을 확장하는 방식으로 글을 전개합니다. 그리고 독자들이 쉽게 이해할 수 있도록 배려하며 책을 구성합니다. 그래서 이러한 흐름대로 책을 읽으면 자연스럽게 책의 핵심을 파악할 수 있게 되는 겁니다.

하지만 '구슬이 서 말이어도 꿰어야 보배'라는 말이 있듯이 아무리 많은 구슬이 있어도 그것들을 잘 꿰지 않으면 보석이 되지 않습니다. 책도 마찬가지입니다. 한 권의 책은 작은 구슬들이 모인 결과물입니다. 저자는 먼저 쓰고 싶은 아이디어를 떠올리고, 책 제목을 정한 뒤, 책의 컨셉을 부제로 정리합니다. 그리고 출간기획서를 작성하고, 그 기획서가 서문이 되어 내용을 구체화하며, 이를 바탕으로 목차를 만듭니다. 목차의 각 챕터에는 핵심 메시지가 있고, 이를 설명하기 위한 다양한 소재로 글을 전개해 나가는 것이죠. 물론 모든 저자가 이 순서대로 책을 쓰는 것은 아니지만, 대략적인 과정은 이와 유사합니다. 저 역시 여러 권의 책을 쓰며 이러한 원리를 확실히 깨닫게 되었고, 이 방법을 알고 나니 책 읽기가 훨씬 수월해졌습니다.

또한 핵심을 먼저 파악하는 형태로 책을 읽어야 하는 이유는, 이 방식이 뇌가 정보를 이해하고 기억하는 데 효과적이기 때문입니다. 뇌는 큰 그림을 먼저 이해한 뒤 작은 그림을 채워가는 방식을 좋아합니다. 그래서 핵심을 먼저 파악하고 나서 부연설명을 읽으면 훨씬 더 쉽게 이해할 수 있습니다. 반면 큰 그림을 파악하지 않고 읽으면 마치 밑 빠진 독에 물을 붓는 것처럼 정보가 기억에 남지 않고 흩어져 버립니다.

이와 관련하여 흥미로운 심리학 실험이 있습니다. 실험 대상자들에게 어떤 설명이 적힌 지문을 보여 주었는데, 한 그룹에게는 제목을 알려주고, 다른 그룹에게는 제목을 알려주지 않았습니다. 그 결과는 어떻게 나왔을까요? 제목을 알려준 그룹은 내용을 잘 이해하고 기억했습니다. 반면 제목 없이 지문만 읽은 그룹은 내용을 제대로 이해하지도 못했고, 기억에도 남지 않았습니다. 심지어 제목을 묻는 질문에는 엉뚱한 답변을 내놓기도 했습니다. 이 실험은 사전 지식의 중요성을 명확히 보여 주는 것으로, 핵심적인 내용을 먼저 알고 나면 이후에 나오는 정보를 더 빠르고 쉽게 이해할 수 있습니다.

이 원리는 책을 읽을 때도 적용됩니다. **책의 제목, 부제, 서문, 목차 등을 통해 책의 큰 틀을 미리 파악하면, 이후의 내용을 훨씬 더 쉽게 이해하고 기억할 수 있습니다.** 실제 실험에서도 사전 지식을 가진 그룹은 전체적인 맥락을 더 쉽게 이해하며, 핵심 개념을 빠르게 파악할 수 있었습니다.

핵심파악 독서법 총정리

핵심을 파악하며 책을 읽으려면 이 순서를 기억하세요.

① 제목과 부제를 먼저 보세요. 그리고 머릿속에 잘 기억해 두세요. **제목은 책의 핵심입니다.**

② **부제**를 보며 제목과의 연관성을 찾으세요.

③ **저자 소개**를 보고 저자의 이력을 통해 책의 난이도와 스타일을 파악하세요.

④ 서문을 통해 저자가 왜 이 책을 썼는지, 책의 주제와 기대되는 결과를 파악하세요.

⑤ **목차**를 분석하면서 저자가 어떤 논리로 목차를 엮었는지 생각하고, 큰 챕터부터 세부 챕터까지 살펴보세요.

⑥ 각 챕터의 **대제목, 중제목, 소제목**을 중심으로 책의 핵심을 빠르게 파악하세요. 이때 챕터 제목을 보고 그냥 넘어가는 것이 아니라, 그 제목이 이 장의 핵심주제를 어떻게 나타내는지 생각해 보세요.

⑦ 마지막으로 **내용**을 읽으며, 저자의 핵심 메시지와 이를 설명하기 위한 부연설명을 확인하세요.

책의 핵심내용을 빠르게 파악하고 싶나요? 그렇다면 **내용**을 무작정 읽기보다 먼저 핵심 키워드를 중심으로 살펴보세요.

04

핵심을 파악하면
말하기가 쉬워진다

핵심을 잘 파악하면 책의 전체 흐름을 빠르게 이해할 수 있고, 중요한 내용을 오래 기억할 수 있습니다. 더 나아가, 그 내용을 말이나 글로 표현할 때도 요점을 정확히 전달하며 횡설수설하지 않게 됩니다.

누군가가 "지금 읽고 있는 그 책 어때요? 내용 괜찮아요?"라고 물어본다고 가정해 볼게요. 당신은 1분, 3분, 5분 이내로 책에 대해 소개해야 합니다. 이럴 땐 어떻게 하면 좋을까요? 이때 핵심파악 말하기 방법까지 알고 있다면 단순히 "이 책 좋아요, 유익해요"라고 모호하게 답하거나 얼버무리지 않고, 다음과 같이 일목요연하게 대답할 수 있습니다.

1분 동안 핵심 말하기

만약 당신에게 1분이 주어졌다면 '제목'과 '부제'를 말한 뒤, '저자 소개'와 '서문'을 말해 보세요. 시간이 짧을수록 요점에 집중해 말해야 합니다. 책의 제목과 부제를 말한 뒤, 저자를 소개하고 서문을 간략히 설명하는 겁니다. 저자 소개에는 주로 책과 관련된 주요 경력이 담겨 있고, 서문에는 책의 목적, 주제, 추천 독자가 설명되어 있습니다. 이 부분이 책의 핵심이라 할 수 있는데, 이러한 내용을 미리 파악하고 정리해 두면 책의 핵심을 명확히 전달할 수 있어 듣는 사람도 요점을 쉽게 이해할 수 있습니다.

"책의 제목은 ____이고, 한마디로 부제에 대한 내용 ____을 담고 있습니다. 또한 이 책은 ____ 전문성을 가진 ____ 저자가 썼으며, 저자가 이 책을 쓴 목적은 ____이고, 저자가 주장하는 내용은 ____이며, 책의 주제는 한마디로 ____입니다. 이 책을 ____이 필요한 사람들에게 추천드립니다."

3분 동안 핵심 말하기

만약 당신에게 3분 정도의 시간이 주어진다면 책의 큰 흐름이나 스토리까지 전해 보세요. 목차는 책의 전체 구성이자 스토리입니다. 제목, 부제, 저자 소개, 서문의 요점을 말한 뒤 목차를 설명해 주면 상대방이 책의 핵심내용뿐만 아니라 전개 흐름까지 빠르게 이해할 수 있습니다.

"책의 제목은 ___이고, 한마디로 부제에 대한 내용 ___을 담고 있습니다. 또한 이 책은 ___ 전문성을 가진 ___ 저자가 썼으며, 저자가 이 책을 쓴 목적은 ___이고, 저자가 주장하는 내용은 ___이며, 책의 주제는 한마디로 ___입니다. 이 책을 ___이 필요한 사람들에게 추천드립니다." 그리고 "이 책은 ___ 스토리와 흐름으로 진행되어 있는데요, 총 ___개의 장으로 구성되어 있습니다. 1장에서는 ___ 내용을 다루며 주제의 필요성을 이야기하고, 2장과 3장에서는 ___에 대한 구체적인 해결방법이 담겨 있습니다. 4장과 5장에서는 ___ 실천방법을 제시하며 마무리합니다."

5분 동안 핵심 말하기

가끔 5분에서 10분 정도 책에 대해 이야기해야 할 때가 있습니다. 독서모임에서 책에 대한 생각을 나눌 기회라든지, 유튜브에서 책 리뷰를 할 때처럼요. 이럴 때는 먼저 책의 요점을 간단히 소개하고, 가장 인상 깊었던 부분을 이야기해 보세요. 그리고 그 부분이 왜 특별했는지, 또 어떤 생각이 들었는지 덧붙이면 좋습니다. 이렇게 하면 책의 핵심뿐만 아니라 읽으면서 느낀 감상까지 전달할 수 있어, 보다 균형 잡힌 시각으로 책을 소개할 수 있습니다.

"책의 제목은 ___이고, 한마디로 부제에 대한 내용 ___을 담고 있습니다. 또한 이 책은 ___ 전문성을 가진 ___ 저자가 썼으며, 저자가 이 책을 쓴 목적은 ___이고, 저자가 주장하는 내용은 ___이며, 책의 주제는 한마디로 ___입니다. 이 책을 ___이 필요한 사람들에게 추천드립니다." 그리고 "이 책은 ___ 스토리와 흐름으로 진행되어 있는데요, 총 ___개의 장으로 구성되어 있습니다. 1장에서는 ___ 내용을 다루며 주제의 필요성을 이야기하고, 2장과 3장에서는 ___에 대한 구체적인 해결방법이 담겨 있습니다. 4장과 5장에서는 ___ 실천방법을 제시하며 마무리합니다." 끝으로 "이 책을 읽으며 가장 인상 깊었던 챕터는 ___입니다. 기억에 남는 문장은 ___입니다. 이 책을 통해 ___을 느꼈고, ___을 새롭게 알게 되었으며, 앞으로 ___을 실천해야겠다고 생각했습니다."

생각정리독서법

어떤가요? 책의 핵심을 일목요연하게 말하는 게 생각보다 간단하죠? 우리는 그저 책의 핵심내용을 파악해 순서대로 설명했을 뿐입니다. 이렇게 간단한 원리인데도 많은 사람들이 핵심을 파악하지 못해 명확하게 요점을 말하지 못하고, 횡설수설하는 경우가 많습니다.

핵심을 말하는 것이 처음엔 어색할 수 있지만, 1분, 3분, 5분씩 시간을 늘려가며 연습하다 보면 점점 더 자연스럽게 말하게 될 겁니다. 그리고 어느새, 어떤 책을 보너라도 상대방에게 핵심을 명확하게 전달하는 자신을 발견하게 될 것입니다.

[책의 핵심 말하기 템플릿]

생각정리독서법		
표지	제목	
	부제	
	핵심카피	
저자 소개	저자 소개 및 주요경력	
서문	출간 목적	
	책의 주제	
	추천 대상	
목차	챕터 제목 및 스토리	
책 내용	가장 인상 깊은 내용	
	인상 깊었던 이유	
내 생각	책을 보고 느낀 점	
	새롭게 알게 된 점	
	나에게 적용할 점	

생 각 정 리 독 서 법

Part 3

책 내용
정리법

생각정리독서법
로드맵

책을 읽다 보면 한 번쯤 이런 생각을 해봤을 겁니다. '왜 책의 내용이 머릿속에 잘 남지 않을까?' '책을 읽어도 기억에 남지 않으면 그게 무슨 의미가 있을까?' 저도 예전에 비슷한 고민을 많이 했습니다. 책을 다 읽고 나면 금방 잊어버리곤 했습니다. 그러던 어느 날, 책에서 이런 문구를 발견하게 되었습니다.

"책에는 머리로 기억에 남는 것이 있고,

기억하려고 애쓰지 않아도 가슴에 남는 문장이 있다."

이 문장을 읽고 난 뒤, 책을 읽는 방식에 대해 다시 생각하게 되었습니다. 모든 내용을 억지로 기억하려고 애쓰지 않아도 괜찮구나 싶더라고요. 사실 모든 책이 다 기억에 남을 필요는 없습니다. 그래서 책의 모든 내용을 머릿속에 넣으려 하기보다는, 읽으면서 내가 느끼고 깨닫는 것에 더 집중해 보기로 했습니다. 지식을 쌓는 것보다 그 책을 읽고 나에게 남는 느낌이 더 가치가 클 때가 있거든요.

오랫동안 기억에 남는
'생각정리독서법'

하지만 그렇다고 해서 기억의 중요성을 놓칠 수는 없습니다. 어떤 책들은 분명 머릿속에 남겨야 할 책들이 있습니다. 예를 들어 실용서나 학습서처럼 구체적인 정보나 방법론을 전달하는 책들은 머릿속에 기억해서 실제로 적용할 수 있어야 진짜 의미를 발휘합니다. 또 책의 내용을 소개하거나, 책을 기반으로 콘텐츠를 만들거나, 업무에 적용할 때도 마찬가지입니다. 이런 책들은 읽은 후 내용을 잘 기억하고 실천하는 것이 중요합니다. 그런데 기억에 남는 독서를 하려고 하다 보면 이런 의문이 생기게 됩니다.

'많은 책을 읽었는데 왜 기억에 남지 않는 걸까? 책을 오랫동안 기억할 수 있는 방법이 있을까?'
'책을 읽기는 읽는데 제대로 읽고 있는 게 맞을까? 저자가 전달하고자 하는 내용을 잘 이해하고 있나?'

혹시 여러분도 이런 고민을 해본 적이 있나요? 저는 이 문제를 해결하기 위해 여러 시행착오를 거치며 방법을 찾아냈습니다. 그 결과물로 탄생한 것이 바로 《생각정리독서법》입니다.

생각정리독서법의 2가지 관점

'생각정리독서법'이란 말 그대로 독서를 정리하는 방법을 의미합니다. '독서를 하며 정리한다'에는 2가지 관점이 포함되어 있습니다.

첫째는 '책 내용 정리'로, 저자의 생각을 잘 이해하고 기억하기 위한 '독서정리' 활동입니다.

둘째는 '내 생각 정리'로, 책을 읽으면서 떠오른 나만의 생각을 정리하고, 그것을 실천으로 이어가기 위한 '생각정리' 활동입니다.

가슴에 남고 오랫동안 기억할 수 있는 독서를 하기 위해서는 '책 내용 정리'와 '내 생각 정리' 두 가지의 독서정리를 모두 잘해야 합니다. 책을 읽었는데 저자가 전달하려는 중요한 메시지를 놓친다면 그 책을 제대로 이해했다고 말하기 어렵습니다. 또한 책에서 얻은 정보나 지식을 단순히 아는 데서 그친다면 그 독서는 단순한 정보 습득에 그칠 뿐입니다. 중요한 것은 그 지식을 제대로 이해하고 기억해 내 생각으로 발전시키고, 실제 삶에서 활용하는 것이 아닐까요? 그래서 균형 있는 '생각정리독서법'이 필요합니다.

이 책의 Part 3에서는 책의 내용을 깊이 이해하고 정리하는 방법인 '책 내용 정리법'을, Part 4에서는 책을 읽으며 떠오른 내 생각을 정리하는 방법인 '내 생각 정리법'을 다룹니다.

Part 3 '책 내용 정리법'에서는 책 내용을 정리하기 전에 책이 어떻게 만들어지는지 설명하고, 저자가 내용을 어떻게 만드는지 원리를 살펴보겠습니다. 그리고 책의 내용을 요약하고 그림으로 정리하는 구체적인 방법을 알아보겠습니다.

Part 4 '내 생각 정리법'에서는 독서를 통해 떠오른 생각을 효과적으로 정리할 수 있는 다양한 독서정리법을 하나씩 살펴보고, 적용할 수 있는 방법을 전해 드리겠습니다.

1장

한 권의 책이
탄생하는 과정

01

책은
어떻게 만들어질까?

책을 잘 읽고 싶은가요? 그렇다면 책이 어떻게 만들어지고, 내용과 논리의 흐름이 구성되는 원리를 이해해야 합니다.

한 권의 책은 특정 주제에 대한 생각의 모음입니다. 모든 책에는 핵심주제가 있고, 이를 뒷받침하는 내용들로 구성되어 있습니다. 건축물이 설계도를 바탕으로 다양한 자재가 결합되어 완성되듯, 책도 여러 자료와 내용이 어우러져 구성됩니다.

그래서 책을 읽을 때는 단순히 문장을 읽는 것만이 아니라, 핵심 내용과 이를 뒷받침하는 자료들이 어떻게 구조적으로 연결되어 있는지 파악하는 것이 중요합니다. 그렇게 하면 저자의 생각을 더 명확하게 이해하고, 책을 더 깊이 있게 읽을 수 있습니다. 결국 책 내용을 정리한다는 것은, 책의 핵심내용과 부연설명을 이해하고 분석하고 요약하는 과정입니다.

한 권의 책을 한 그루의 나무에 비유해 볼까요? 책의 목차는 나무의 굵은 가지와 같고, 각 장은 그 가지에서 뻗어 나온 작은 가지들입니다. 그 가지 끝에는 세부내용들이 잎사귀처럼 달려 있고, 저자의 생각이나 메시지는 열매입니다. 그래서 저는 **나무에서 필요한 열매를 채취하는 과정이 독자가 핵심을 파악하는 과정과 같다**고 생각합니다.

제목은 질문이다

그렇다면 각 챕터의 제목과 내용은 어떻게 만들어질까요? 책을 쓰는 사람의 입장에서 보면, 이것 역시 자연스럽게 이해할 수 있습니다. 모든 지식은 '질문'에서 시작됩니다. 저자는 책의 주제와 관련해 독자들이 궁금해할 만한 질문들을 생각하고, 그에 대한 답을 설명합니다. 이렇게 여러 질문과 답이 모여 한 권의 책이 탄생하는 것이죠. 예를 들어 이 책《생각정리독서법》은 독서법과 관련된 질문으로,《생각정리스피치》는 스피치와 관련된 질문으로 출발했습니다.

책은 알고 보면 주제에 대한 질문을 던지고, 그에 대한 답을 체계적으로 정리해 엮은 것입니다. 그래서 책을 더 확실히 이해하기 위해서는, 각 챕터의 제목을 보고 '이 제목을 질문으로 바꾼다면 무엇일까?'라고 생각해 보면 핵심내용을 금방 파악할 수 있습니다.

내용은 답변이다

챕터의 제목이 핵심질문이라면, 내용은 그 질문에 대한 답변입니다. 그리고 그 답변은 다양한 소재로 구성됩니다. 책 한 권이 완성되기 위해서는 여러 가지 소재가 필요한데, 이는 마치 요리에 쓰이는 재료처럼 책을 풍성하게 만드는 중요한 요소입니다.

그렇다면 저자가 해당 분야의 전문적인 지식이 있어야만 책을 쓸 수 있는 걸까요? 꼭 그렇지만은 않습니다. 세상에는 자신의 이야기와 통찰로 만들어진 책들이 많습니다. 자신의 메시지를 삶으로 증명할 수 있다면 그 자체로 독자들에게 신뢰를 줄 수 있습니다. 유명인의 성공담을 담은 자서전이나 일상의 깨달음을 기록한 에세이 등이 그 예입니다. 이러한 책들은 외부 자료에 의존한 책보다 더 흥미롭고 매력적일 수 있습니다. 저자의 독창적인 경험과 시각이 담겨 있어 창의적이고 신선한 느낌을 주기 때문입니다.

하지만 저자들은 설득력을 높이고 다양한 관점에서 이야기를 전개하기 위해 자신의 경험에 여러 자료를 더해 책을 씁니다. 그렇다면 저자들이 사용하는 자료에는 어떤 것들이 있을까요? 여기에는 '내 안에 있는 자료'와 '외부에서 얻는 자료'가 있습니다. **내 안에 있는 자료**는 자신의 경험, 지식, 생각, 그리고 자신의 관점입니다. 그리고 **외부에서 얻는 자료**는 다른 사람들이 쓴 책, 논문, 연구자료, 뉴스, 다큐멘터리, 인터뷰, 전문가 의견, 역사적 사건, 통계 데이터 등 다양한 출처에서 가져온 정보들입니다.

저자들은 책을 쓸 때 주제에 맞는 다양한 자료를 찾고, 그것을 어떻게 조합할지 깊이 고민합니다. 바리스타가 커피를 만들 때 원두, 물, 우유를 적절히 조합해 새로운 맛을 내는 것과 같습니다. 이 조합에 따라 커피의 향과 맛이 달라지듯, **저자가 선택한 자료와 경험의 조합에 따라 책의 메시지와 깊이도 달라집니다.**

이때 개인 경험이 80%이고 외부자료가 20%라면 개인적인 관점이 중심이 되는 책이 될 것입니다. 반면, 외부자료가 70%이고 개인 경험이 30%라면 객관적이고 자료 중심적인 책이 될 수 있습니다. 〈생각정리 시리즈〉의 구성을 예로 들어보겠습니다.

〈생각정리 시리즈〉 레시피 공개

저의 첫 번째 책인 《생각정리스킬》이 출간되기 전까지만 해도 '생각정리'라는 주제는 사람들에게 다소 생소했습니다. '생각정리 방법을 군이 배워야 할까?'라는 의문도 많았죠. 그런데 제가 연구해 보니 생각정리에도 다양한 방법과 기술이 존재했고, 이를 배우면 누구나 쉽게 생각을 정리할 수 있겠다는 확신이 들었습니다. 이 깨달음을 사람들에게 전하고 싶었습니다. 그래서 《생각정리스킬》은 다양한 생각정리 방법을 폭넓게 전달하는 개론서의 컨셉이면 좋겠다고 생각했습니다. 책의 50%는 외부자료, 즉 사람들이 알면 유용한 다양한 생각정리 방법들을 큐레이션하여 활용했고, 30%는 제가 직접 만든 생각정리 방법과 원리를 담았습니다. 나머지 20%는 생각정리의 필요성을 설명하는 데 사용했습니다. 그 결과《생각정리스킬》은 출간 이후 지금까지도 많은 사람들이 생각정리에 입문할 수 있게 도움을 주는 실용서이자 스테디셀러로 자리 잡았습니다.

두 번째 책《생각정리스피치》는 스피치에 대한 저의 경험을 바탕으로 스피치 이론과 지식을 결합한 책입니다. 유치원 때부터 웅변과 스피치를 하며 말하기에 대해 많은 고민을 해왔기에, 저의 이야기를 포함하면 독자들과 더 큰 공감대를 형성하고 진솔하게 다가갈 수 있을 거라고 생각했습니다. 그래서 책의 약 30%는 저의 경험과 스피치에 대한 깨달음을 담았습니다. 또한 이 책이 스피치 분야의 개론서로도 읽힐 수 있도록 40%는 이론적 내용을 쉽게 풀어 설명했습니다. 나머지 30%는 스타 강사들의 스피치 스타일과 패턴을 분석한 결과물을 포함하여 기존에 없던 창의적인 스타일의 스피치 책을 만들고자 했습니다. 그 결과《생각정리스피치》는 대한민국 스피치 분야에서 1위 판매량을 기록했으며, 대학에서 스피치 개론서나 참고서로도 사용될 만큼 많은 이들에게 읽히는 책이 되었습니다.

세 번째 책《생각정리기획력》은 콘텐츠 기획 방법을 단순한 이론이 아닌, 저의 경험을 바탕으로 썼습니다. 때로는 이론보다 실제 경험에서 나온 이야기가 더 설득력 있다는 것을 깨달았기 때문입니다.

그래서 이 책의 80%는 제가 생각정리 콘텐츠를 기획하고 실행한 경험담으로 구성했고, 나머지 20%는 외부 사례와 정보를 추가했습니다. 이 책을 통해 독자들에게 단지 기획에 대한 이론적 지식뿐만 아니라 저의 열정과 경험을 통해 기획력이란 무엇인지 고스란히 전달되기를 바랐습니다.

책을 더 깊이 이해하고 싶다면 여러분이 읽고 있는 책이 어떤 재료들로, 어떻게 조합되었는지 분석해 보는 훈련을 해보세요. 이 과정은 마치 음악 감상을 할 때와 비슷합니다. 일반 사람들은 멜로디나 가사에 집중하며 즐기지만, 전문가들은 작곡가가 곡을 어떻게 구성하고 악기들을 어떻게 활용했는지까지 분석합니다. 이를 통해 음악을 더 깊이 감상할 뿐만 아니라, 구조와 패턴을 파악해 새로운 음악을 창조할 수 있습니다. 마찬가지로 글의 구조를 역으로 파악하고, 책의 핵심과 저자의 의도를 찾아내는 과정을 거치면 내용을 더 깊이 이해할 수 있습니다. 이러한 분석력을 통해 책의 구조와 패턴을 파악하면 추후 나만의 콘텐츠를 만들거나 업무 관련 아이디어를 기획할 때도 큰 도움이 될 것입니다.

02

내용은
어떻게 만들어질까?

저자들은 책을 어떻게 집필할까요? 저자가 책의 원고를 정리하는 방식에는 크게 두 가지가 있습니다. 하나는 '상향식(bottom-up) 정리법'이고, 또 하나는 '하향식(top-down) 정리법'입니다. 이 방식에 따라 책을 집필하는 방식과 목차, 구성이 달라집니다.

상향식은 아이디어가 떠오를 때마다 자연스럽게 글을 쌓아가는 방식입니다. 이를 요리에 비유하면 준비된 재료를 가지고 요리를 만드는 겁니다. 예를 들어 냉장고에 있는 재료를 보고 볶음밥이 떠올라 요리를 하는 것과 같죠.

하향식은 먼저 구조를 설정한 후 그 틀에 맞춰 글을 써내려 가는 방식입니다. 요리 계획을 세운 뒤 필요한 재료를 준비하는 방식입니다. 예를 들어 토마토 파스타를 만들겠다고 정한 후 토마토 소스, 파스타 면, 채소 등을 준비해 레시피에 맞춰 요리하는 것과 같습니다.

물론 저자들이 두 가지 방식 중 하나만 선택해 사용하는 것은 아닙니다. 본인의 스타일에 맞게 두 가지 방식을 적절히 섞어 원고를 만들기도 합니다. 저의 경우 책을 집필하기 전에는 상향식으로 책의 주제에 맞는 자료와 아이디어를 먼저 수집합니다. 그리고 자료가 충분히 모였을 때 디지털 마인드맵으로 맵핑을 하면서 하향식으로 구조를 만듭니다. 구조, 즉 뼈대가 세워지면 살을 붙이는 방식으로 책을 완성해 나가는 거죠.

그렇다면 독자의 입장에서 책을 읽을 때 그것이 상향식인지 하향식인지 어떻게 구분할 수 있을까요?

상향식으로 만들어진 책

에세이, 소설과 같은 스토리 중심의 책들은 아이디어를 자연스럽게 쌓아가는 상향식 구성이 많습니다. 블로그나 브런치 같은 플랫폼에 일상적으로 글을 쓰다 '이 글들을 모아 책으로 만들어 볼까?' 하는 생각에서 출발해 책이 만들어지는 경우도 많죠. 상향식 글쓰기는 떠오르는 대로 아이디어를 기록하기 때문에 생각하지도 못했던 창의적인 결과물이 나올 수 있습니다. 예를 들어 여행 이야기를 쓰다가 자기계발과 연결되어 '여행과 자기계발'이라는 새로운 주제로 발전할 수 있는 것이죠.

독자의 입장에서 상향식 글쓰기가 좋은 점은 저자의 생각을 자연스럽게 따라갈 수 있고, 창의적인 구성 덕분에 신선함을 느낄 수 있다는 점입니다. 하지만 단점도 있습니다. 자칫 잘못하면 내용이 정리되지 않고 분산된 느낌을 줄 수 있습니다. 예를 들어 처음에는 여행 이야기로 시작했지만 나중에는 다른 주제로 흘러가며 주제의 일관성을 유지하기 어려워 독자에게 혼란을 주는 경우도 생기는 거죠.

하향식으로 만들어진 책

하향식은 위에서 아래로 내려오는 방식입니다. 명확한 주제를 정하고, 그에 맞춰 목차를 작성한 후 자료를 수집해 구조를 완성해 나가는 방식이죠. 예를 들어 저자가 '사람들이 효과적으로 시간을 관리하는 방법'이라는 주제를 정한 뒤, 그에 맞춰 목차를 구성하고 각 챕터를 채워나가는 식입니다. 보통 특정 주제에 대해 주장하는 글이나 논리적으로 설명하는 책들은 대부분 하향식 구조로 작성됩니다.

독자의 입장에서 하향식으로 구성된 책의 장점은 논리적이고 체계적이어서 이해하기 쉽다는 점입니다. 내용이 논리정연하게 전개되기 때문에 핵심과 세부내용을 명확하게 파악할 수 있죠. 하지만 장점만 있는 것은 아닙니다. 하향식 글은 논리적 순서에 따라 핵심을 먼저 제시하는 구조이므로, 독자가 자연스럽게 공감하기 어려울 수 있습니다. 또한 내용이 딱딱하게 느껴지고, 몰입도가 떨어질 수 있습니다.

상향식과 하향식, 이렇게 2가지 방식으로 책의 내용이 구성된다는 것을 알고 있으면 책을 읽을 때 도움이 됩니다. 글만 봐도 '아, 이건 자유롭게 쓴 상향식 스타일의 글이구나' 혹은 '논리적이고 체계적으로 구성된 하향식 구조의 책이군' 하고 책의 구조를 파악할 수 있게 되는 것이죠. 지금 읽고 있는 책들이 어떤 구조로 구성되었는지한번 분석해 보세요. 책의 스타일을 이해하는 데 도움이 될 겁니다.

	상향식 (Bottom-up)	하향식 (Top-down)
특징	아이디어가 떠오르는 대로 자연스럽게 쌓아감	명확한 주제를 설정하고 구조를 먼저 설계함
비유	냉장고의 재료를 활용해 즉흥적으로 요리를 만듦	특정 요리를 정한 후 필요한 재료를 준비해 요리함
장점	창의적이고 예상치 못한 결과물 가능, 신선함 제공	논리적이고 체계적, 이해하기 쉬움
단점	내용의 일관성 부족, 정리가 덜 될 가능성 있음	내용이 딱딱하게 느껴지고 몰입도가 떨어질 수 있음
주요 활용	에세이, 소설, 블로그 등 창의적 글쓰기	논리적 설명서, 자기계발서, 연구보고서 등 체계적 글쓰기
예시	여행기를 쓰다가 자기계발을 주제로 발전시킨 책	'시간관리법' 주제로 목차를 구성해 집필한 책

03

논리는
어떻게 만들어질까?

책은 독자에게 특정 메시지를 전달하거나 설득하기 위해 논리적이고 체계적으로 구성됩니다. 논리구조를 이야기할 때 빠질 수 없는 것이 '연역 논리'와 '귀납 논리'입니다. 이 2가지 논리구조를 이해하면 책을 읽을 때 저자가 어떻게 사고를 전개하고, 어떤 방식으로 생각을 풀어 나가는지 쉽게 파악할 수 있습니다.

연역 논리 : 큰 원칙에서 특정한 결론으로

연역 논리는 큰 원칙에서 출발해 특정한 결론을 이끌어 내는 방식입니다. 먼저 큰 원칙을 정하고, 그 원칙을 바탕으로 결론을 도출하는 것이죠. 예를 들어 설명해 보겠습니다.

- 큰 원칙 : 잘 계획된 프로젝트는 성공 확률이 높다.
- 사실 : 우리 팀은 프로젝트를 철저하게 계획했다.
- 결론 : 그러므로 우리 팀의 프로젝트는 성공할 가능성이 높다.

이처럼 잘 계획된 프로젝트는 성공한다는 큰 원칙에서 출발해, 팀이 철저히 계획했다는 사실을 바탕으로 성공할 가능성이 높다는 결론을 도출할 수 있습니다.

"나는 생각한다, 고로 존재한다"라는 말 들어보셨죠? 그 유명한 프랑스의 철학자 르네 데카르트가 했던 말이 바로 연역 논리입니다.

- 큰 원칙 : 나는 존재한다.
- 사실 : 생각하는 나는 존재해야 한다.
- 결론 : 따라서 내가 생각하는 한, 나는 존재한다.

'모든 사람은 죽는다'라는 명제를 들어봤을 겁니다. 아리스토텔레스의 철학에서 사용되는 삼단논법의 대표적인 예로 알려져 있죠.

- 큰 원칙 : 모든 사람은 죽는다.
- 사실 : 소크라테스는 사람이다.
- 결론 : 그러므로 소크라테스는 죽는다.

이처럼 연역 논리는 '모든 사람은 죽는다'는 일반적인 원칙을 바탕으로 '소크라테스는 사람'이라는 구체적인 사실을 적용해 '소크라테스도 죽는다'는 결론을 이끌어 냅니다.

귀납 논리 : 작은 사례에서 큰 결론으로

귀납 논리는 여러 구체적인 사례에서 출발해 큰 결론을 도출하는 방식입니다. 쉽게 말해 여러 가지 작은 사례들을 모아서 "이 사례들이 다 맞으니까, 큰 결론도 맞을 거야!"라고 말하는 거예요. 주로 관찰과 실험을 통해 얻은 사실들을 모아 큰 이론을 만들어 가는 데 사용됩니다. 그래서 과학적 연구나 심리학 책에서는 이 귀납 논리를 많이 사용하고 있습니다. 이해를 돕기 위해 쉬운 예시로 설명해 볼게요.

- 사례 1 : 친구가 매일 운동을 하고 나서 건강해졌다.
- 사례 2 : 우리 삼촌도 운동을 하고 나서 건강이 좋아졌다.
- 결론 : 운동을 하면 누구나 건강해진다.

여기서는 운동을 하고 건강해진 사람들의 사례를 모아 '운동이 건강에 좋다'는 결론을 내렸습니다.

찰스 다윈의 《종의 기원》에서도 귀납 논리가 사용되었습니다. 다윈은 자연에서 관찰한 여러 생물들의 변화를 사례로 제시한 후, 이를 바탕으로 진화의 큰 결론을 이끌어 내고 있습니다.

- 사례 1 : 핀치 새들은 다른 환경에 따라 부리 모양이 달라졌다.
- 사례 2 : 환경에 적응하지 못한 종은 자연에서 사라졌다.
- 결론 : 종은 자연의 선택을 통해 진화한다.

이어서 제인 구달의 사례를 보죠. 그녀는 침팬지들의 행동을 관찰한 여러 사례를 모아, 이들이 인간과 유사한 지능을 가지고 있음을 귀납적으로 설명합니다.

- 사례 1 : 침팬지들은 도구를 사용한다.
- 사례 2 : 침팬지들은 사회적 구조 안에서 협력한다.
- 결론 : 인간과 비슷한 지능을 가진 동물들은 도구 사용과 협력의 본능을 가진다.

앞으로 책을 읽을 때 '이 저자는 큰 이론에서 작은 결론으로 가는 연역 논리를 사용하고 있구나' 혹은 '작은 사례에서 큰 결론을 도출하는 귀납 논리를 사용하고 있구나'를 생각하며 읽어 보세요. 책의 논리 흐름을 훨씬 더 쉽게 이해할 수 있을 겁니다.

04

내용의 흐름은
어떻게 만들어질까?

책을 읽다 보면 내용을 빠르게 이해하고 싶을 때가 있습니다. 그럴 때는 목차나 내용 구성을 살펴보며 스토리라인을 파악해 보세요. 스토리라인은 글이 전개되는 흐름을 의미합니다. 저자들은 이를 통해 주장을 더 명확하고 설득력 있게 전달하는데, 스토리라인을 파악하면 저자가 이야기를 어떻게 이끌어 가는지, 무엇을 강조하고 싶은지를 쉽게 알 수 있습니다.

예를 들어 어떤 책은 사건의 전개를 따라가는 시간적 흐름으로 서술하고, 또 다른 책은 문제와 해결의 흐름을 사용해 독자가 문제를 쉽게 이해하고 해결책을 납득할 수 있게 도와줍니다. 이렇게 독자가 스토리라인을 파악하면 글의 다음 내용을 예측하고 추론할 수 있어, 더욱 책에 몰입하며 빠르게 이해하고 읽어나갈 수 있습니다.

대표적인 스토리라인을 몇 가지 살펴보겠습니다.

시간적 흐름

시간적 흐름은 사건이나 정보를 시간의 순서대로 나열하는 방식입니다. 이 흐름은 시간의 진행을 따라가기 때문에 독자들이 쉽게 이해할 수 있습니다. 책의 내용을 정리할 때는 시간의 흐름을 도식화하는 것이 좋습니다.

《총, 균, 쇠》에서는 인류의 발전을 시간 순서에 따라 설명합니다. 최초의 농경 시작에서 산업혁명까지의 흐름을 연대순으로 다루며, 왜 어떤 문명이 더 빠르게 발전했는지 설명하고 있습니다.

'기원전 11,000년경, 농업 혁명이 시작되었고, 이는 인류 문명의 비약적인 발전을 이끌었다.'

《이반 데니소비치, 수용소의 하루》는 2차 대전 중 강제수용소에 수감된 남자 이반 데니소비치 슈호프의 하루를 다루고 있습니다. 이 작품은 주인공이 매일 반복되는 고된 노동과 어려운 환경 속에서 하루를 어떻게 맞이하는지를 시간 순서에 따라 생생하게 보여줍니다.

'새벽 다섯 시 기상나팔이 울리지만, 밖은 여전히 어둠과 추위로 가득하다. 슈호프는 천천히 몸을 일으키며 또 다른 고된 하루를 준비한다.'

장소의 흐름

장소의 흐름은 이야기가 전개되는 장소나 배경을 중심으로 설명하는 방식입니다. 주로 이동이나 여행이 중요한 맥락에서 사용됩니다.

소설 《어린 왕자》에서는 주인공 어린 왕자가 다양한 장소를 이동하며 이야기가 전개됩니다. 각 장소는 어린 왕자가 만나는 새로운 인물들과 사건의 배경이 됩니다. 예를 들어 어린 왕자는 여러 소행성을 여행하며 왕, 허영심 많은 사람, 술꾼, 사업가, 점등인, 지리학자를 만나고, 각 장소에서 그들이 대표하는 삶의 방식을 경험합니다. 이러한 장소의 이동을 통해 만난 사람들과 대화를 나누며 어린 왕자는 삶과 인간의 본성에 대한 깊은 깨달음을 얻게 됩니다.

유홍준의 《나의 문화유산답사기》는 한국의 문화유산을 깊이 있게 탐방하고 소개하는 여행기이자 인문서입니다. 한국 각지의 문화유산을 장소별로 답사하며, 그 역사적 의미와 문화적 가치를 독자들에게 생생하게 전달하고 있죠.

만약 《나만의 오피스 공간 만들기》라는 책을 쓴다면 실제 저의 사무실이 집필 공간, 상담 공간, 커뮤니티 공간, 휴식 공간으로 나뉘어 있듯이, 각 공간을 구분해 설명하는 내용을 담고 싶습니다.

원인과 결과의 흐름

원인과 결과의 흐름은 어떤 일이 일어난 원인과 그에 따른 결과를 설명하는 방식입니다. 이 흐름은 논리적으로 사건을 이해하는데 유용합니다.

마이클 샌델은 《정의란 무엇인가》에서 불평등한 경제 분배가 사회적 갈등을 어떻게 유발하는지에 대해 원인과 결과로 설명합니다.

'(원인) 부의 불평등이 심화되면 (결과) 사회는 갈등과 불안정으로 가득 차게 되고, 이는 결국 범죄율의 증가로 이어진다.'

조지 오웰의 《동물농장》은 원인과 결과의 흐름으로 전개됩니다. 이 소설은 동물 캐릭터를 통해 인간 사회의 부패와 권력 남용을 풍자하고 있습니다.

'농장 동물들이 반란을 일으켜 자유를 얻으려 하지만, (원인) 권력을 장악한 돼지들이 부패하고 권력을 남용하면서, (결과) 동물들은 결국 인간과 다를 바 없는 억압을 받으며 더 나쁜 상황에 놓이게 된다.'

문제와 해결의 흐름

문제와 해결의 흐름은 문제를 제기하고, 그 문제를 해결하는 방법을 단계적으로 설명하는 방식입니다.

장 지글러의 《왜 세계의 절반은 굶주리는가?》에서는 전 세계 식량문제 해결을 위한 국제 협력의 필요성을 강조합니다.

'현재 수많은 사람들이 영양 부족 상태에 처해 있다. 이를 해결하기 위해서는 국제 사회의 공동 노력이 필요하며, 지속 가능한 농업 기술이 그 핵심이다.'

제 책《생각정리스킬》에서는 그동안 생각정리가 어려웠던 이유에 대해 설명하고, 생각정리의 원리와 방법을 활용해 효율적으로 생각을 정리할 수 있는 방법을 제시하고 있습니다.

생각정리를 잘 못하는 이유와 해결책은 크게 세 가지로 나눌 수 있다.

첫째, 머릿속 생각은 눈에 보이지 않는다. 보이지 않는 채로 머리로만 정리하려다 보면 오히려 더 복잡해질 수 있다. 생각을 효과적으로 정리하려면 생각의 시각화가 필요하다.

둘째, 생각정리 도구를 활용하지 않기 때문이다. 마인드맵, 만다라트, 로직트리 같은 도구를 사용하면 생각을 시각적으로 표현할 수 있어 체계적인 정리가 가능하다.

셋째, 생각정리의 원리를 제대로 이용하지 않기 때문이다. 책에서 소개된 '나열, 분류, 배열' 같은 생각정리 원리를 활용하면 복잡한 생각도 더 효과적으로 정리할 수 있다.

이러한 문제를 해결하기 위해 생각정리스킬을 적극적으로 활용하는 것이 중요하다.

비교와 대조의 흐름

비교와 대조의 흐름은 2개 이상의 개념이나 대상을 비교하여 유사점과 차이점을 설명하는 방식입니다. 이를 통해 독자가 각 대상의 특성을 더 명확히 이해할 수 있도록 돕습니다. 비교와 대조의 흐름은 도표로 분류해 정리하면 도움이 됩니다.

리처드 도킨스는 《이기적 유전자》에서 이타적 행동과 이기적 행동을 비교합니다. 그는 특정 유전자가 이기적으로 작용하면서도 결과적으로 이타적 행동을 유발하는 상황들을 대조하여, 유전자 수준에서의 행동이 어떻게 개체 수준에서 다양한 형태로 나타날 수 있는지를 설명합니다.

에리히 프롬은 《사랑의 기술》에서 성숙한 사랑과 미성숙한 사랑을 비교합니다. 성숙한 사랑은 상대방의 성장과 행복을 도모하는 반면, 미성숙한 사랑은 소유와 의존을 추구합니다. 이를 통해 진정한 사랑의 본질을 이해하게 합니다.

구분	성숙한 사랑	미성숙한 사랑
기본 특징	상호 존중과 배려	소유와 의존
목표	상대방의 성장과 행복을 도모	상대방을 소유하려 함
관계의 본질	자율적이고 독립적인 관계	의존적이고 통제적인 관계

　책을 읽을 때는 스토리라인을 따라 내용이 어떻게 전개되는지 파악하면서 읽어 보세요. 이 과정에서 단편적으로 부분만 보는 것이 아니라, 전체적인 흐름을 이해하면 책의 내용을 더 깊이 이해할 수 있습니다. 예를 들어 '이 책은 시간적 흐름으로 구성되어 있군' '이 책은 장소별로 이야기가 전개되고 있군' '앞부분에 문제가 제시되었으니 뒷부분에는 해결방안이 나오겠군' 등과 같이 스토리라인의 패턴을 미리 파악하면 이후의 내용을 예측하며 읽을 수 있어 이해도가 높아집니다. 또한 책을 읽으면서 머릿속에 내용이 순식간에 정리되기도 합니다. 예를 들어 161쪽에서 상향식과 하향식에 대한 내용을 읽고 비교와 대조의 흐름 패턴을 파악했다면 164쪽과 같이 도표로 일목요연하게 정리할 수 있습니다. 이 방법을 활용해 다음 장 '01 책의 본질을 꿰뚫는 핵심요약의 기술'을 정리하며 읽어 보세요.

2장

독서 고수가 되는
핵심요약 독서법

01

책의 본질을 꿰뚫는
핵심요약의 기술

    독서를 하다 보면 책의 요점을 정리해야 할 때가 있습니다. 그런데 막상 책의 내용을 요약하려고 하면 어떻게 해야 하는 건지 어렵게만 느껴집니다. 대부분의 사람들에게 요약을 하라고 하면 학교에서 과제나 책 내용을 정리했던 방식을 떠올립니다. 중요하다고 생각되는 문장들을 골라내어 분량에 맞춰 붙이는 방식이죠. 하지만 이러한 방식은 올바른 요약이 아닌, 단순한 짜깁기입니다. 실제로 강의 중에 어떤 내용을 보여주고 요약을 해보라고 하면 대부분 요약이 아닌 짜깁기를 하곤 합니다.

    그렇다면 '짜깁기'와 '요약'은 어떻게 다를까요? 비교를 해보면 그 차이가 분명히 보입니다.

짜깁기 : 내용을 부풀리기 위해
억지로 연결하는 방법

짜깁기의 사전적 정의는 '기존의 글을 편집하여 하나의 완성품을 만드는 일'입니다. 즉, 여러 내용을 적당히 이어 붙여 유사한 정보를 나열하고 내용을 부풀리는 과정입니다. 이 과정에서는 논리적 연결이 부족하고, 흐름이 단절되는 경우가 많습니다. 결과물은 핵심이 보이지 않고 요점이 명확하지 않으며, 짜깁기를 한 사람조차도 요점을 파악하지 못하는 경우가 많습니다. 이 결과물을 보는 사람 역시 내용이 명확하지 않고 일관성이 부족해 이해하기 어렵습니다. 짜깁기는 아무리 많이 해도 요약 능력이나 논리적 사고에 도움을 주지 않으며, 시간이 지나도 요약하는 실력이 늘지 않습니다.

요약 : 중요한 내용을 간추려 압축하는 방법

그렇다면 요약이란 무엇일까요? 요약(要約)의 사전적 정의는 '말이나 글의 요점을 잡아서 간추림'을 의미합니다. 즉, 요약은 긴 문장 속에서 중요한 내용을 뽑아내어 간결하게 압축하는 과정입니다.

요약은 중요한 내용을 간추려 핵심을 정확히 파악한 후 간결하게 내용을 정리하는 데 목적이 있습니다. 요약 과정에서는 요점을 중심으로 내용을 압축해 나가며, 논리적 연결이 명확하게 재구성됩니다.

요약은 압축입니다. 그래서 잘된 요약은 다시 확장해도 논리가 유지되며 원래의 내용을 그대로 펼쳐 낼 수 있습니다. 마치 수학 문제의 답이 어떻게 도출되었는지 과정을 다시 만들어 낼 수 있는 것과 같죠.

요약을 잘하는 사람은 저자의 핵심 메시지와 사고 과정을 정확히 분석해 제대로 된 요약문을 만들어 냅니다. 요약한 사람이 그 과정을 어떻게 압축했는지 논리적으로 설명할 수 있다면 이는 잘된 요약이라고 할 수 있습니다. 반대로 요약이 아닌 단순한 짜깁기라면 그 과정을 설명하지 못하고 횡설수설하게 될 것입니다.

요약을 제대로 할 줄 알면 책 한 권을 열 장으로, 한 챕터를 한 장으로, 다시 한 장을 한 문장으로, 궁극적으로 한 개의 키워드로 압축할 수 있습니다. 단순히 줄이는 것이 아니라 사과, 배, 감, 귤을 '과일'로 묶듯이, 중요한 정보를 상위 개념으로 묶고 구조화하는 과정입니다. 이를 통해 복잡한 내용을 간결하고 체계적으로 정리할 수 있습니다. 결과물은 핵심을 중심으로 논리정연하게 압축되어 누구나 쉽게 이해할 수 있도록 객관적으로 정리됩니다. 요약을 통해 사람들은 내용을 빠르게 이해하고, 핵심을 명확히 파악할 수 있습니다.

또한 요약을 꾸준히 훈련하면 논리적 사고력, 이해력, 기억력 등이 향상됩니다. 책에는 핵심 메시지뿐만 아니라 부연설명, 근거, 자료, 스토리 등이 섞여 있는데, **요약을 통해 요점을 파악하고 정리하**

는 과정을 거치면 저자의 의도를 정확하게 이해할 수 있습니다.

누군가 "핵심이 뭐야?"라고 물으면 단번에 답할 수 있어야 합니다. 만약 저자가 A를 말했는데 B라고 이해했다면 이는 책을 제대로 읽지 않은 것입니다. '책을 제대로 읽는다'는 것은 저자가 전달하고자 하는 핵심내용을 정확히 파악하는 것입니다. 긴 분량을 압축해 머릿속에 넣고, 논리적으로 핵심을 찾아 말하고 싶다면 요약하는 방법을 꼭 배워야 합니다.

구분	요약	짜깁기
정의	중요한 내용을 간추림	내용을 적당하게 연결함
목적	정확하게 핵심을 파악하고, 간결하게 내용을 정리하기 위함	유사한 정보를 나열하여 내용을 부풀리기 위함
과정	요점 중심으로 압축해 나가는 과정	여러 내용을 그대로 이어 붙이는 과정
내용의 흐름	논리적 연결이 명확하게 재구성됨	논리적 연결이 부족하고, 흐름이 단절됨
결과물의 차이	핵심내용을 중심으로 논리정연하게 압축되어 있음. 누가 봐도 객관적인 결과물임	핵심이 보이지 않고 요점이 명확하지 않음. 짜깁기를 한 사람도 요점이 뭔지 모름
사람들의 반응	쉽게 이해하고 핵심을 빠르게 파악할 수 있음	내용이 혼란스럽고 일관성이 부족해 이해하기가 힘듦
훈련 결과	핵심을 간추리는 능력, 논리적 사고력, 이해력, 기억력 등이 올라감	시간이 지나도 핵심요약 능력과 논리적 사고에 큰 도움이 되지 않음

생각정리독서법

02

책을 요약하는
4가지 방법

그렇다면 책을 읽을 때 요약은 어떻게 해야 할까요? 한 챕터를 요약하는 방법을 예로 들어 설명해 보겠습니다. 먼저 책의 한 챕터는 제목, 소제목, 그리고 내용으로 구성되어 있습니다. 그 내용들은 다시 여러 문단으로 나뉘고, 문단은 문장들로 이루어져 있으며, 문장들은 각각의 단어들이 모여 만들어집니다. 여기에서는 《당신은 완전히 충전됐습니까?》의 33페이지에 나오는 외적 동기와 내적 동기에 관한 글을 참고했습니다.

내면부터 충전시켜라

① 우리에게 의미 있는 일을 할 힘을 주는 것은 외적 동기가 아닌 내적 동기이다. 동기에는 외적 동기와 내적 동기가 있는데, 외적 동기란 주로 뭔가 보상을 바라고 움직이게 만드는 동기이다. 예를 들어 당신은 더 많은 연봉과 더 나은 복리후생 제도를 바라며 직장을 옮길 수 있다. 그런 다음 다른 누군가가 세워놓은 임의의 목표를 달성하기 위해 주당 60시간씩 죽어라 일을 하는 것이다. 그래도 몇 년 후 누군가 당신 이력서를 자신의 동기 기준에서 본다면 괜찮아 보일 것이다.

② 그러나 내적 동기, 그러니까 내면 깊은 데서 우러나오는 동기는 외적 동기보다 훨씬 풍요롭다. 예를 들어 학생의 성장을 위해 애쓰는 교사나 환자의 건강을 위해 뛰는 의사를 생각해보라. 이처럼 내적 동기는 뭔가 의미 있는 일을 할 때 생겨난다. 보상이나 이득이 전혀 없이도 자신이 진정 하고 싶은 일을 하게 되는 것이다.

③ 최근 연구 결과에 따르면, 외적 동기는 배제하고 내적 동기에만 집중하는 것이 더 좋다고 한다. 외적 동기에 따라 움직일 경우 성취도가 떨어질 수 있기 때문이다.

(출처 : 당신은 완전히 충전됐습니까?, 톰 래스 저, 엄성수 역, 위너스북, 2015년)

1단계) 내용 분류하기 :
챕터에 있는 내용의 덩어리 나누기

한 챕터를 요약할 때는 내용에 있는 문장 덩어리들을 보고 다시 구분하는 것이 중요합니다. 요즘 책들은 가독성을 위해 문단이 잘 나뉘어져 있는 경우가 많지만, 그렇지 않은 책들도 많습니다. 또 문단이 나누어서 있어도, 그것이 논리적인 단락 구분을 나타내는 깃이 아닐 수도 있습니다.

이 단계에서는 어디서부터 어디까지가 한 덩어리인지 파악하는 것만으로도 성공입니다. 덩어리를 나누는 기준은 하나의 메시지가 끝나는 지점에서 끊어주는 것입니다. 즉, 하나의 핵심주제와 그와 관련된 내용들이 마무리되는 순간을 포착하여 구분하면 됩니다.

예시를 통해 덩어리 구분 방식을 한번 살펴보겠습니다. 예시된 본문 내용의 원문을 보면 본래는 구성상으로 총 3개의 덩어리가 있음을 알 수 있습니다. 하지만 의미에 맞게 다시 분류해 보면 총 4개로 덩어리로 분류할 수 있습니다.

내면부터 충전시켜라

① 우리에게 의미 있는 일을 할 힘을 주는 것은 외적 동기가 아닌 내적 동기이다. 동기에는 외적 동기와 내적 동기가 있는데,

② 외적 동기란 주로 뭔가 보상을 바라고 움직이게 만드는 동기이다. 예를 들어 당신은 더 많은 연봉과 더 나은 복리후생 제도를 바라며 직장을 옮길 수 있다. 그런 다음 다른 누군가가 세워놓은 임의의 목표를 달성하기 위해 주당 60시간씩 죽어라 일을 하는 것이다. 그래도 몇 년 후 누군가 당신 이력서를 자신의 동기 기준에서 본다면 괜찮아 보일 것이다.

③ 그러나 내적 동기, 그러니까 내면 깊은 데서 우러나오는 동기는 외적 동기보다 훨씬 풍요롭다. 예를 들어 학생의 성장을 위해 애쓰는 교사나 환자의 건강을 위해 뛰는 의사를 생각해보라. 이처럼 내적 동기는 뭔가 의미 있는 일을 할 때 생겨난다. 보상이나 이득이 전혀 없이도 자신이 진정 하고 싶은 일을 하게 되는 것이다.

④ 최근 연구 결과에 따르면, 외적 동기는 배제하고 내적 동기에만 집중하는 것이 더 좋다고 한다. 외적 동기에 따라 움직일 경우 성취도가 떨어질 수 있기 때문이다.

2단계) 내용 분해하기 :
덩어리의 핵심문장과 부연설명 찾기

챕터의 내용을 각각 덩어리로 나누었다면, 이제 각 덩어리에서 핵심문장과 부연설명을 구분해 봐야 합니다.

1) 핵심문장

핵심문장은 저자가 강조하고자 하는 주장 또는 의도입니다. 주장은 비교적 명확하게 드러나지만 저자의 의중, 즉 마음속에 담긴 진정한 메시지는 잘 보이지 않을 수 있습니다. 따라서 이 글이 궁극적으로 무엇을 전달하고자 하는지 고민해 보고, 저자가 하고 싶은 말이 무엇인지 깊이 생각해 봐야 합니다.

2) 부연설명

부연설명은 핵심주장에 대한 다양한 근거와 자료들로 구성됩니다. 예를 들어 저자의 경험을 바탕으로 한 근거가 있을 수 있고, 학술적인 연구자료나 다른 책에서 인용한 내용이 포함될 수 있습니다. 따라서 저자가 주장을 뒷받침하기 위해 제시하는 이유들을 하나씩 살펴보는 과정이 필요합니다.

내면부터 충전시켜라

① [핵심문장] 우리에게 의미 있는 일을 할 힘을 주는 것은 외적 동기가 아닌 내적 동기이다. 동기에는 외적 동기와 내적 동기가 있는데,

[부연설명]

② (외적 동기 정의) 외적 동기란 주로 뭔가 보상을 바라고 움직이게 만드는 동기이다.

(외적 동기 예시) 예를 들어 당신은 더 많은 연봉과 더 나은 복리후생 제도를 바라며 직장을 옮길 수 있다. 그런 다음 다른 누군가가 세워놓은 임의의 목표를 달성하기 위해 주당 60시간씩 죽어라 일을 하는 것이다. 그래도 몇 년 후 누군가 당신 이력서를 자신의 동기 기준에서 본다면 괜찮아 보일 것이다.

③ (내적 동기 정의) 그러나 내적 동기, 그러니까 내면 깊은 데서 우러나오는 동기는 외적 동기보다 훨씬 풍요롭다.

(내적 동기 예시) 예를 들어 학생의 성장을 위해 애쓰는 교사나 환자의 건강을 위해 뛰는 의사를 생각해보라. 이처럼 내적 동기는 뭔가 의미 있는 일을 할 때 생겨난다. 보상이나 이득이 전혀 없이도 자신이 진정 하고 싶은 일을 하게 되는 것이다.

④ (연구 결과) 최근 연구 결과에 따르면, 외적 동기는 배제하고 내적 동기에만 집중하는 것이 더 좋다고 한다. 외적 동기에 따라 움직일 경우 성취도가 떨어질 수 있기 때문이다.

3단계) 압축하기 :
덩어리 요약 문장을 한 문장으로 압축하기

핵심문장과 부연설명을 구분했으면, 이제 핵심문장과 부연설명을 압축하는 단계로 넘어가야 합니다. 이 방식으로 각각의 덩어리를 한 문장씩 요약하면 최종적으로 ①, ②, ③, ④ 각각의 덩어리 요약 문장이 나올 것이며, 이를 종합해 하나의 완성된 최종 요약 문장을 만들 수 있습니다.

내면부터 충전시켜라

① [핵심문장] 우리에게 의미 있는 일을 할 힘을 주는 것은 외적 동기가 아닌 내적 동기이다. 동기에는 외적 동기와 내적 동기가 있는데,

요약문 → 인간에게 의미 있는 일을 할 수 있는 힘을 주는 것은 외적 동기가 아니라 내적 동기다.

[부연설명]

② (외적 동기 정의) 외적 동기란 주로 뭔가 보상을 바라고 움직이게 만드는 동기이다.

(외적 동기 예시) 예를 들어 당신은 더 많은 연봉과 더 나은 복리후생 제도를 바라며 직장을 옮길 수 있다. 그런 다음 다른 누군가가 세워놓은 임의의 목표를 달성하기 위해 주당 60시간씩 죽어라 일

을 하는 것이다. 그래도 몇 년 후 누군가 당신 이력서를 자신의 동기 기준에서 본다면 괜찮아 보일 것이다.

요약문 → 외적 동기는 더 많은 연봉이나 복리후생과 같은 보상을 기대하며 임의의 목표를 달성하기 위해 노력하는 것을 예로 들 수 있다.

③ (내적 동기 정의) 그러나 내적 동기, 그러니까 내면 깊은 데서 우러나오는 동기는 외적 동기보다 훨씬 풍요롭다.

(내적 동기 예시) 예를 들어 학생의 성장을 위해 애쓰는 교사나 환자의 건강을 위해 뛰는 의사를 생각해보라. 이처럼 내적 동기는 뭔가 의미 있는 일을 할 때 생겨난다. 보상이나 이득이 전혀 없이도 자신이 진정 하고 싶은 일을 하게 되는 것이다.

요약문 → 내적 동기는 학생의 성장을 위해 노력하는 교사나 환자의 건강을 위해 헌신하는 의사처럼, 의미 있는 일을 할 때 내면에서 우러나오는 진정한 동기를 예로 들 수 있다.

④ (연구 결과) 최근 연구 결과에 따르면, 외적 동기는 배제하고 내적 동기에만 집중하는 것이 더 좋다고 한다. 외적 동기에 따라 움직일 경우 성취도가 떨어질 수 있기 때문이다.

요약문 → 최근 연구에 따르면, 외적 동기에 의해 움직일 경우 성취도가 떨어질 수 있어 내적 동기에 집중하는 것이 더 효과적이라고 한다.

4단계) 결과물 검토하기 :
핵심요약문을 최종 요약하기

최종 요약 문장을 만들 때는 주어와 서술어가 명확한지, 상위 개념이 적절히 압축되었는지, 맞춤법에 오류가 없는지, 중요한 단어가 문장 앞부분에 배치되어 가독성을 높이는지 등을 확인해야 합니다. 또한 최종 요약된 문장이 ①, ②, ③, ④ 요약문을 잘 압축하여 챕터의 전체 내용을 담고 있는지도 점검해야 합니다. 이렇게 압축한 최종 요약문이 결국 챕터의 제목이었다는 점도 기억해 두세요.

덩어리별 요약문

① 인간에게 의미 있는 일을 할 수 있는 힘을 주는 것은 **외적 동기**가 아니라 **내적 동기**다.

② **외적 동기**는 더 많은 연봉이나 복리후생과 같은 보상을 기대하며 임의의 목표를 달성하기 위해 노력하는 것을 예로 들 수 있다.

③ **내적 동기**는 학생의 성장을 위해 노력하는 교사나 환자의 건강을 위해 헌신하는 의사처럼, 의미 있는 일을 할 때 내면에서 우러나오는 진정한 동기를 예로 들 수 있다.

④ **최근 연구에 따르면**, 외적 동기에 의해 움직일 경우 성취도가 떨어질 수 있어 내적 동기에 집중하는 것이 더 효과적이라고 한다.

↓

인간에게 의미 있는 일을 할 수 있는 힘은 높은 연봉이나 복리후생 같은 **외적 보상**이 아니라, 학생의 성장이나 환자의 건강처럼 의미 있는 일을 통해 내면에서 우러나오는 **내적 동기**로, 이는 성취도를 높이는 데 더 효과적이라는 것이 최근 연구 결과 밝혀졌다.

↓

내면부터 충전시켜라

이처럼 내용을 요약하는 과정에서 저자가 전달하려는 메시지를 정확히 파악하고, 글의 전체 구조를 분석하게 됩니다. 이것이 바로 '요약의 힘'입니다.

요약은 생각보다 시간이 많이 걸리는 작업입니다. 하지만 그만큼 요약하는 과정에서 우리는 생각하게 되고, 그때 사고력이 자라납니다. 핵심문장과 부연설명을 비교하고 대조하며 추론하는 과정에서 분석적 사고가 필요하고, 문장을 다듬으며 압축하는 과정에서는 상위 개념을 추출하기 위한 논리적 사고가 필요합니다. 요약을 하면 할수록 두뇌는 점점 더 똑똑해지는 것이죠.

남들이 보지 못하는 것을 볼 수 있는 능력, 수많은 문장 속에서 핵심을 간파하고 찾아내는 능력, 이것이야말로 진정한 공부가 아닐까요?

03

요약에서
재창조가 시작된다

　핵심을 요약하는 훈련을 하다 보면 정보의 핵심을 파악하고 분석하는 과정에서 남들이 보지 못하는 부분을 볼 수 있게 됩니다. 그 과정에서 사고력이 커지고 자신감이 생기죠. 생각정리클래스에서 핵심요약 스킬을 배웠던 학습자 분들의 이야기를 소개해 볼게요.

　A님은 핵심요약 수업을 듣고 나서 지루하기만 했던 학교 수업이 너무 재미있어졌다고 했습니다. 왜 그런지 물어보니 과거에는 강의 주제가 잘 보이지 않았는데, 핵심요약 스킬을 배우고 나니 강의 내용과 전체 흐름이 뼈대처럼 분명히 보이기 시작했다고 하더군요. '아, 지금은 부연설명 부분이구나' '이것이 교수님이 말씀하시려는 핵심 메시지구나' '이렇게 스토리라인과 논리로 강의를 구성했구나' 하는 것들이 보이기 시작하면서 수업에 더 집중하게 되었고, 결국 좋은 점수로 졸업할 수 있었다고 했습니다.

B님은 누군가와 토론할 때마다 말을 제대로 못하고 감정적으로 화가 나서 말을 더 이어가기가 어려웠다고 했습니다. 그런데 핵심요약 스킬을 배우고 나니 상대의 주장, 이유, 근거가 명확하게 들리기 시작했고, 그 이후로는 토론에 자신감이 생겼다고 합니다. 핵심요약 스킬을 통해 말하기의 부족했던 부분을 개선하고 자존감이 생겼으며, 그 결과 승진까지 하게 되었다고 전해 왔습니다.

핵심요약의 진정한 힘, 재창조!

핵심요약 스킬을 활용해 저자의 사고 패턴 구조를 파악할 수 있다면 이해력, 기억력, 사고력이 향상됩니다. 하지만 그보다 더 중요한 능력이 하나 더 있습니다. 바로 **요약을 통해 알아낸 저자의 사고 패턴을 활용해 새로운 아이디어를 덧붙여 나만의 사고 패턴을 창조해 내는 것**입니다.

앞서 '외적 동기와 내적 동기에 관한 글'의 핵심을 요약해 봤는데, 이제 이 글의 구조를 유지한 채 핵심 키워드를 '안정과 도전'으로 바꿔 표현해 보겠습니다. 이렇게 핵심을 요약하고 구조를 파악한 뒤 내용만 바꾸면 나만의 글로 새롭게 재창조됩니다. 이것이 바로 '요약의 힘'이며, 이 책의 '내용 정리' 편에서 제가 가장 강조하고 싶은 부분입니다.

① 인간에게 의미 있는 성과를 만들어 내는 원동력은 **안정**이 아니라 **도전**이다.

② **안정**은 실패를 두려워해 익숙한 환경과 현재의 성과에 머무르는 것을 예로 들 수 있다.

③ **도전**은 새로운 목표에 맞서며 불확실한 상황에서도 성장의 기회를 찾아 나서는 것을 예로 들 수 있다.

④ **최근 연구에 따르면**, 안정적인 선택만을 고수하면 발전이 더뎌질 수 있어 끊임없이 도전하는 것이 더 큰 성과를 만든다고 한다.

↓

덩어리별 요약글

인간에게 의미 있는 성과를 만들어 내는 힘은 **익숙한 환경이나 현재의 성과와 같은 안정**이 아니라 **새로운 목표나 불확실한 상황에 맞서는 도전**으로, 이는 성장과 발전을 이끄는 데 더 효과적이라는 것이 최근 연구 결과 밝혀졌다.

↓

챕터의 제목

도전하는 순간, 성장이 시작된다!

제 책《생각정리스피치》에는 스타 강사들의 스피치 대본을 분석한 사례들이 나옵니다. 어렸을 때부터 말을 잘하고 싶었던 저는 스타 강사들의 **스피치 패턴**이 궁금했습니다. 이를 밝혀내기 위해 스타 강사들의 스피치 내용을 하나하나 타이핑하고, 그 내용을 요약하면서 핵심 메시지와 부연설명을 파악했습니다. 또한 강의의 도입부, 서론, 본론, 결론이 어떻게 구성되었는지도 분석했습니다. 많은 시간이 걸렸지만, 여러 스타 강사들의 스피치 대본을 요약하고 분석한 끝에 그 안에서 패턴을 발견할 수 있었습니다. 마침내 스타 강사들의 말하기 비법을 깨닫는 순간이었습니다.

핵심요약 스킬을 통해 스피치의 시작 부분에서 어떻게 말을 해야 사람들의 공감을 사고 호기심을 이끌어 낼 수 있는지, 본론에서는 어떤 논리 흐름으로 말해야 설득력이 높아지는지 알 수 있었죠. 또한 자료를 언제 어떻게 사용하면 더 재미있고 몰입하게 만들 수 있는지도 이해하게 되었습니다. 그리고 스타 강사들은 마무리 단계에서 전체 내용을 요약하여 청중의 기억을 돕고, 감동적인 메시지로 끝을 맺어 실천을 유도하는 것도 알게 되었습니다.

실제로 저는 이렇게 스타 강사들의 대본을 분석하고, 수천 권의 책에서 다양한 사고 패턴을 연구해 이를 실제 **강의에 활용**하고 있습니다. 이 과정을 통해 얻은 통찰은 강의를 구성하고 전달하는 데 매우 큰 도움을 주었고, 청중의 공감과 몰입을 이끌어 내는 데 중요한 역할을 했습니다. 예를 들어 논리적이고 이성적인 검사들을 대상으로 할 때는 논리적이고 전문적인 흐름으로 강의를 구성하고, 직장인들을 대상으로 할 때는 쉽게 풀어 설명하고 일상적인 사례를 활용해 공감되는 강의를 구성합니다.

이러한 접근은 강의뿐만 아니라 **업무에도 적용**하고 있습니다. 생각정리 AI 앱을 개발했을 때 창업진흥원에서 최우수 등급이라는 결과를 얻을 수 있었던 이유는 단지 결과물뿐만 아니라, 발표에서도 좋은 점수를 받았기 때문이라고 생각합니다. 마지막 발표를 준비할 때 저는 스티브 잡스가 아이폰을 소개할 때의 말하기 패턴을 분석했고, 기승전결이 있는 하나의 드라마처럼 내용을 구성해 발표를 진행했습니다. 아마 심사위원들은 제가 스티브 잡스의 논리 패턴을 활용해 발표안을 구성했다는 것은 눈치채지 못했을 겁니다. 저는 단지 스티브 잡스의 보이지 않는 발표 논리 패턴을 활용했을 뿐, 그의 내용을 그대로 사용한 것은 아니기 때문입니다.

흥미로운 점은 이러한 구조와 패턴을 활용해 말하면 제가 그 내용을 처음 접했을 때 느꼈던 감정을 상대도 동일하게 느낄 수 있다는 겁니다. 예를 들어 제가 분석한 내용이 충격적인 통계자료를 제시하고 문제의 원인과 해결방안을 설명하는 방식이라면, 저도 그 스토리라인을 활용해 스피치를 합니다. 그러면 상대도 그 부분에서 제가 느꼈던 반응을 동일하게 경험하고 있다는 걸 표정을 통해 알 수 있습니다.

여기서 한 가지 생각해 볼게요. 만약 우리가 새로운 콘텐츠를 만들 때 소크라테스의 논리 패턴을 활용한다면, 마이클 샌델의 논리 패턴을 이용해 말한다면 사람들의 반응은 어떨까요? 흥미롭지 않을까요?

실제로 많은 천재들은 보이지 않는 패턴을 가져와 창작했습니다. 파블로 피카소는 아프리카 부족의 미술에서 영감을 받아 〈아비뇽의 처녀들〉이라는 새로운 예술작품을 만들어 냈습니다. 아인슈타인은 기존의 물리학, 특히 갈릴레오와 뉴턴의 고전역학에서 출발해 〈특수 상대성 이론〉을 발표했습니다. 토머스 에디슨 역시 전구를 발명할 때 완전히 새로운 아이디어를 만든 것은 아니었습니다. 그는 이전의 다양한 실험을 분석하고, 기존의 패턴을 개선해 전구를 상용화한 것입니다. 기존 아이디어의 핵심 패턴을 분석하고, 자신의 아이디어와 지식을 결합해 결과물을 만들어 낸 것이죠.

핵심요약 스킬은 정보를 요약하고 핵심을 파악하는 데 도움을 줍니다. 이를 지속적으로 훈련하면 천재들의 사고방식 중 하나인 패턴인지와 재창조 능력까지도 갖출 수 있을 것입니다.

04

문장의 핵심을
빠르게 파악하는 방법

그럼 문장의 핵심내용을 빠르게 파악하고 이해하는 방법은 무엇일까요? 문장의 핵심내용은 크게 두 가지로 나뉩니다. '눈에 잘 보이지 않는 핵심내용'과 '눈에 잘 보이는 핵심내용'입니다.

눈에 잘 보이지 않는 핵심내용은 시나 소설, 에세이처럼 스토리가 전개되는 글에서 자주 나타납니다. 시에서는 비유나 은유로 숨겨진 의미가 표현될 때가 많죠. 이런 경우 저자의 의도를 이해하고 숨겨진 진짜 의미를 생각해 보는 것이 중요합니다.

눈에 잘 보이는 핵심내용은 책의 구성과 구조에서 쉽게 찾아볼 수 있습니다. 예를 들어 표지(제목, 부제, 핵심카피), 저자 소개(주요 이력), 서문(책의 주제와 출간 목적, 추천 독사), 그리고 목차(챕터 제목, 책의 스토리)가 여기에 해당합니다. 주장이 담긴 글에서는 첫 문장이나 마지막 문장에 핵심이 자리 잡고 있을 확률이 높습니다.

눈에 잘 보이지 않는 핵심내용은 찾기 어려울 수 있지만, 눈에 잘 보이는 핵심내용은 초보 독자라도 쉽게 파악할 수 있습니다. 책의 구조가 이미 핵심을 잘 드러내도록 설계되어 있기 때문입니다. 중요한 것은 핵심을 찾겠다는 의지와 그에 맞는 독서법을 실천하는 것입니다. 핵심을 찾는 기술적인 과정을 꾸준히 연습하면 책의 내용을 명확하게 이해하고 기억할 수 있습니다.

주어와 서술어 찾기

문장을 빠르게 이해하기 위한 첫 번째 단계는 주어와 서술어를 먼저 찾는 것입니다. 주어와 서술어는 문장의 중심을 이루는 요소들이기 때문에, 이를 파악하면 문장의 핵심내용을 쉽게 이해할 수 있습니다. 예를 들어 이런 문장이 있다고 가정해 봅시다.

'복주환 저자는 독서 노하우와 독서 정리법이 필요한 사람들을 위해 생각정리독서법이라는 주제로 생각정리클래스 집필실에서 3시간 동안 글을 쓰고 있다.'

이 문장은 처음부터 끝까지 쭉 읽으면 길게 느껴질 수 있습니다. 하지만 주어와 서술어를 찾게 되면 문장이 빠르게 이해됩니다.

생각정리독서법

- 주어는 무엇일까요? 주어는 '복주환 저자는'입니다. 형식으로 보면 '은'이나 '는' '이' '가'가 붙어 있는 부분이 주어를 나타냅니다.
- 서술어는 무엇일까요? 서술어는 '쓰고 있다'입니다. 문장에서 주체가 어떤 행동을 하고 있는지를 나타내는 부분이죠.

질문과 답 찾기

이제 이 문장은 중간에 어떤 말이 나와도 '복주환 저자(주어)는 쓰고 있다(서술어)'와 관련된 내용이 됩니다. 그 내용을 파악하려면 '복주환 저자는 쓰고 있다'에서 무엇이 궁금한지 생각해 보는 겁니다. 그럼 '무슨 책을 쓰고 있지?'라는 궁금증이 생깁니다. 질문에 대한 답은 문장에 '생각정리독서법이라는 주제로'가 나와 있습니다. '주환이는 생각정리독서법 글을 쓰고 있다' 그러면 뭐가 또 궁금하세요? 이제 또 다른 질문이 나오겠죠,

- '누구를 위해?' → 독서 노하우와 독서 정리법이 필요한 사람들을 위해
- '어디에서?' → 생각정리클래스 집필실에서
- '얼마 동안?' → 3시간 동안

이런 식으로 문장은 주어와 동사를 중심으로 나머지 부분을 찾아가면서 이해하게 됩니다. 문장을 읽을 때 주어와 동사를 먼저 파악하고, 나머지 정보를 육하원칙에 맞춰 하나씩 추가해 가면 복잡한 문장도 빠르게 이해할 수 있습니다. 위 문장을 다시 보면 다음과 같이 나눌 수 있습니다.

- 누가? → 복주환 저자는
- 무엇을? → 생각정리독서법이라는 주제로 글을
- 어디에서? → 생각정리클래스 집필실에서
- 얼마 동안? → 3시간 동안
- 왜? → 독서 노하우와 독서 정리법이 필요한 사람들을 위해
- 어떻게? → 앉아서 쓰고 있다.

어떤가요? 이렇게 나누어 보니 긴 문장도 훨씬 간결하고 이해하기 쉬워집니다. 실제 책에 나오는 문장을 보고 방법을 연습해 볼게요.

잠재적으로 가지고 있는 마이너스 에너지를 없애기 위해서는 방을 청소하면 되는 것입니다. 이 청소력의 구체적인 방법은 '환기' '버리기' '오염 제거' '정리 정돈' 그리고 안정된 자장을 만드는 '볶은 소금'입니다.

《청소력》, 마쓰다 마쓰히로, pp. 57 ~ 58 내용 발췌)

문장을 읽을 때 내용이 잘 이해되지 않으면 주어와 서술어가 무엇인지 먼저 찾아봅니다. 주어와 서술어는 무엇일까요?

'잠재적으로 가지고 있는 마이너스 에너지를 없애기 위해서는 방을 청소하면 되는 것입니다.'

그런데 첫 번째 문장을 보면 주어가 생략되어 있습니다. 이런 경우는 어떻게 해야 할까요? 이렇게 문장에는 주어가 생략되어 있는 경우가 많은데, 이런 경우 서술어가 무엇인지 찾아보세요. 그럼 상응하는 주어가 무엇인지 알 수 있습니다.

서술어는 '방을 청소해야 한다'입니다. 그렇다면 이 서술어에 대응하는 주어는 무엇일까요? 생략된 주어는 '당신은'임을 알 수 있습니다. 문장에서 주어와 서술어가 무엇인지 알면 그다음부터는 궁금한 질문을 던지며 내용의 핵심을 파악해 낼 수 있습니다.

'당신은(주어) 방을 청소해야 한다.(서술어)'

문장을 보면 무엇이 궁금한가요? '왜 청소를 해야 하지?' '어떻게 해야 하지?' '언제 해야 하지?' 등과 같은 질문들이 떠오를 겁니다. 그리고 그 질문에 대한 답은 문장 속에 있습니다.

- '왜 청소를 해야 하지?' → 잠재적으로 가지고 있는 마이너스 에너지를 없애기 위해서.
- '어떻게 청소를 해야 하지' → 구체적인 방법은 '환기' '버리기' '오염 제거' '정리정돈', 그리고 안정된 자장을 만드는 '볶은 소금'입니다.

이렇게 문장의 핵심을 먼저 파악하고, 질문과 답을 던지며 나머지 세부사항을 찾아 나가면 복잡한 문장도 쉽게 해석할 수 있습니다. 그러니 책을 읽을 때 내용이 복잡하면 주어와 서술어를 먼저 찾아보고, 육하원칙을 활용해 나머지 정보를 채워나가는 방법을 사용해 보세요. 이렇게 훈련하다 보면 복잡하고 긴 문장도 쉽게 이해할 수 있습니다.

3장

기억에 오래 남는
그림정리 독서법

01

그림으로 정리하면
좋은 이유

지금까지 텍스트를 분석하고 요약하는 방법을 알아봤습니다. 이를 꾸준히 훈련한다면 핵심 키워드를 도출하고, 구조를 만들어 체계적으로 정리하는 데 도움이 될 것입니다. 이번에는 그림으로 시각화하여 정리하는 방법을 알아보겠습니다. '그림으로 생각을 정리한다니!' 기대되기도 하지만, 막상 '그림으로 정리해 보자'라고 하면 많은 분들이 망설이곤 합니다. 왜냐하면 '나는 그림을 잘 못 그리는데?'라는 생각이 들기 때문입니다.

그러나 제가 말하는 그림은 미술 작품을 그리는 것이 아닙니다. 낙서를 하듯 간단한 도형과 선을 이용해 생각을 시각적으로 표현하는 것에 가깝습니다. 그래서 방법만 알면 누구나 쉽게 그림을 그리며 생각을 정리할 수 있습니다.

그림으로 정리할 때의 장점

저 역시 생각을 정리하거나 책을 집필할 때 이미지를 많이 활용합니다. 이 책에도 도해와 일러스트로 내용을 시각화하고 있는데, 이미지를 활용해 생각을 정리하면 텍스트만으로 정리하는 것보다 더 좋은 효과를 얻을 수 있습니다. 그렇다면 그림으로 정리하면 어떤 장점이 있을까요?

1) 내용을 더 쉽게 이해하고 기억할 수 있습니다

우리의 뇌는 책의 내용을 단순히 텍스트로 읽는 것보다 그림이나 도해로 정리할 때 더 빠르게 이해하고 기억할 수 있습니다. 복잡한 이론도 이미지로 정리해 두면 나중에 그 이미지만 봐도 책의 핵심내용을 빠르게 떠올릴 수 있습니다.

2) 더 깊이 이해할 수 있습니다

책의 내용이 어렵거나 복잡하다면 그림으로 표현해 보세요. 그 과정에서 내용을 더 쉽게 이해할 수 있습니다. 도식화된 이미지는 정보의 흐름을 명확하게 보여주기 때문에 정보의 상하관계 등 구조를 빠르게 파악할 수 있게 해줍니다. 예를 들어 동그라미, 화살표, 사각형 같은 간단한 도형을 이용해 내용을 도식화하면 책에서 강조하는 논리적 흐름이나 구조를 쉽게 파악할 수 있습니다.

그림을 그리는 것은 재미있습니다. 실제로 기업에서 손으로 그리는 마인드맵 강의를 할 때, 처음에는 참가자들이 마인드맵 실습을 어려워하지만 막상 그림을 그리기 시작하면 어린아이처럼 모두 즐거워하며 몰입하는 모습을 볼 수 있습니다.

학교에서는 미술이 시험과목이었지만, 독서를 하면서 그리는 그림은 시험공부가 아니라 자신의 생각을 자유롭게 표현하는 도구입니다. 그림을 활용해 책의 내용을 이미지로 기억해 보세요.

어떻게 그림으로 정리할 수 있을까요?

가장 쉬운 방법은 책의 장면이나 인물의 감정을 그림으로 그려 보는 겁니다. 예를 들어 소설을 읽다가 머릿속에 그 속의 장면이나 주인공의 감정이 떠오를 때, 이를 자유롭게 그림을 그리며 표현해 보세요.

예를 들어 《노인과 바다》를 생각해 볼까요? 헤밍웨이가 그린 한 노인의 고독한 투쟁은 영화 스크린으로는 전달되지 않는 깊이를 담고 있습니다. 책을 읽으며 파도 소리, 차가운 바람, 낚싯줄을 당기는 힘을 상상하면 마치 바다 한가운데 있는 듯한 몰입감을 느낄 수 있습니다. 그 장면을 나만의 방식으로 표현해 보세요. 그림을 잘 그리지 못해도 괜찮습니다. 그림을 그려 보는 것만으로도 책을 읽는 즐거움이 더해지고, 그 장면을 더 오래 기억하게 되고, 나중에 다시 떠올릴 때 당시의 감동을 되살릴 수 있습니다. 책을 읽을 때 내용을 그림으로 그려 보면 나만의 상상력으로 책에서 본 세상을 그려 볼 수 있습니다. 각 페이지마다 내가 감독이 되고, 배우가 되며, 무대를 창조하는 주체가 되는 것입니다.

저는 연극과 연출을 할 때 희곡을 분석하는 과정에서 그림 그리기를 많이 활용했습니다. 연극 대본을 보면서 '이 상황을 무대에서 어떻게 표현할까?' '이 캐릭터는 어떤 모습일까?' '이 장소를 무대 배경으로 어떻게 연출할까?' 등을 고민하며 노트에 장면을 그림으로 그리곤 했죠. 이러한 과정은 상상력을 키워줬고, 그 상상력은 무대에서 현실로 완성되었습니다.

그림으로 표현하는 연습이 습관이 되다 보니 다양한 상황에서 아이디어를 그림으로 시각화할 수 있게 되었습니다. 책을 읽을 때뿐만 아니라 집이나 사무실을 인테리어할 때도 마찬가지입니다. 빈 공간을 보며 가구를 어디에 배치할지 상상하고 그림으로 표현해 보곤 합니다. 이러한 시각화 능력은 공간 배치뿐만 아니라, 보디 프로필 촬영이나 생각정리 AI 앱을 개발할 때도 제가 구상하는 모습을 구체화하는 데 큰 도움이 되었습니다. 심지어 제 인생의 미래를 계획하고 목표를 세우는 과정에서도 제가 원하는 미래를 그림으로 시각화하여 좋은 결과를 얻은 경험이 많습니다. 이 모든 것이 그림 그리기 연습을 통해 얻은 결과라고 생각합니다.

그림 그리기는 책의 내용을 생생하게 기억하게 만들어 줍니다. 또한 상상력을 키워주며, 이렇게 길러진 상상력은 실제 삶과 업무에서도 활용할 수 있습니다. 책을 읽을 때 장면이 머릿속에 그려진다면 그 장면을 자유롭게 그림으로 표현해 보세요. 그 순간이 바로 상상력이 자라나는 순간입니다.

간단한 도형으로
정리하기

인간은 원래 그림으로 생각을 정리해 왔습니다. 오랜 역사의 기록을 통해서도 이를 쉽게 알 수 있죠. 벽화나 그림을 통해 복잡한 이야기를 전하고 개념을 설명하는 방식은 선사시대부터 이어져 왔습니다.

문자만으로 사고하는 것은 반쪽짜리에 불과합니다. 그림과 문자를 함께 사용할 때 비로소 우리의 좌뇌와 우뇌를 온전히 활용할 수 있습니다. 그림은 글처럼 읽고 나서 이해하는 것이 아니라, 보는 즉시 직관적으로 이해할 수 있기 때문에 더 효과적입니다.

앞에서는 자유롭게 그림을 그려 보자고 했지만, 그것조차 어렵다고 느끼는 분들도 있을 겁니다. 만약 그렇다면 도식화부터 연습해 보세요. 도식화란 복잡한 내용을 간단한 도형과 화살표로 정리하는 것을 말합니다.

예를 들어 동그라미는 중요한 개념을 나타내고, 선과 화살표는 각 개념 간의 연결을 보여줄 수 있습니다. 논리적인 추리소설을 읽을 때는 주인공이 단서를 따라 결론에 도달하는 과정을 화살표로 연결해 보며 흐름을 정리할 수 있습니다. 어려운 철학서를 읽을 때도 개념을 도식화해 보면 이해에 도움이 됩니다. 또한 책을 읽으며 스토리 라인이나 논리구조를 발견했을 때도 도식화를 활용하면 좋습니다.

도식화하는 방법

도식화는 도형의 역할만 이해하면 어렵지 않게 활용할 수 있습니다. 그렇다면 책의 내용을 정리할 때 어떤 도형을 사용하면 좋을까요? 선, 화살표, 동그라미, 세모, 네모, 오각형 등의 그림만 그릴 수 있으면 됩니다. 예를 들어 보겠습니다.

1) 연결 예시

박스 두 개를 그리고 화살표로 연결해 보세요. 이렇게 하면 원인과 결과의 관계를 쉽게 나타낼 수 있습니다. 복잡한 개념도 간단히 시각화할 수 있이 이해가 쉬워집니다.

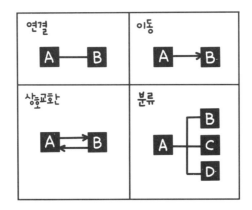

2) 원 예시

원을 이용해 공통점과 차이점을 설명하거나, 특정 개념이 어디에 포함되는지를 시각적으로 표현할 수 있습니다. 예를 들어 여러 원을 겹쳐 그리면 개념 간의 교집합을 나타내어 각 요소의 관계와 공통점을 쉽게 이해할 수 있습니다.

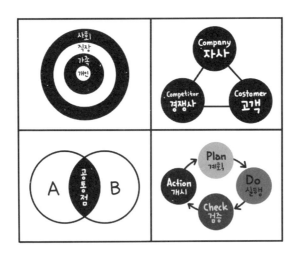

3) 네모 예시

네모는 실행 계획이나 포지셔닝 맵을 표현하는 데 유용합니다. 심리학적으로도 네모로 표현하면 논리적 사고와 의사결정에 도움이 된다고 합니다. 또한 네모를 4분면으로 나누어 우선순위에 따라 정보를 정리할 수도 있습니다.

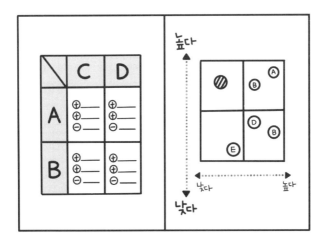

4) 세모 예시

세모는 비전, 목표, 실행 계획 등을 정리할 때 효과적입니다. 꼭 짓점을 이용해 단계별 목표와 이를 달성하기 위한 계획을 명확히 시각화할 수 있습니다. 또한 중요한 부분은 상단에 배치하고, 하단으로 갈수록 하위 요소를 배치하는 방식으로도 유용하게 활용됩니다.

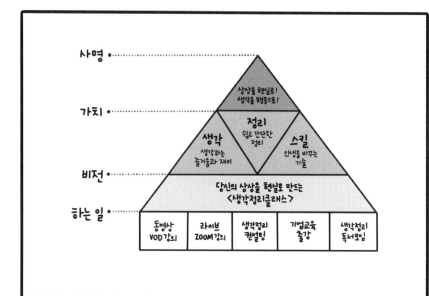

사명 •

가치 •

비전 •

하는 일 •

상상을 현실로!
생각을 행동으로!

정리
쉽고 간단한
정리

생각
생각하는
즐거움과 재미

스킬
인생을 바꾸는
기술

당신의 상상을 현실로 만드는
〈생각정리클래스〉

동영상 VOD강의	라이브 ZOOM강의	생각정리 컨설팅	기업교육 출강	생각정리 독서모임

커크패트릭 4단계 교육 평가기준

THE KIRKPATRICK MODEL

4단계 : 결과

3단계 : 행동

2단계 : 학습

1단계 : 반응

RESULTS

BEHAVIOR

LEARNING

REACTION

03

마인드맵으로
정리하기

마인드맵은 머릿속의 복잡한 생각을 정리하는 효과적인 도구입니다. 책의 내용을 정리할 때 마인드맵을 활용해 보세요. 간단한 도형을 그릴 수만 있다면 누구나 쉽게 마인드맵을 그릴 수 있습니다.

마인드맵

마인드맵은 꼬리에 꼬리를 물듯이 생각을 정리해 나가는 기법으로, '생각의 지도'라고도 불립니다. 마인드맵은 뇌의 구조와 신경세포, 그리고 그들 사이의 촉수에서 영감을 받아 만들어졌습니다.

우리의 뇌는 약 1.5킬로그램에 불과하지만, 그 안에는 약 1,000억 개의 신경세포가 존재합니다. 이 신경세포들은 혼자서는 아무런 기능도 못하지만, 다른 신경세포들과 연결될 때 비로소 신호를 주고받으며 일할 수 있습니다. 똑똑한 뇌일수록 신경세포들이 더 잘 연결되어 있는데, 이는 촉수들이 신경세포 사이를 촘촘히 이어주기 때문입니다.

마인드맵의 형태를 보면 중앙에 '중심토픽'이 있고, 그 주변을 '주요토픽'이 둘러싸며, 여기서 다시 세부적인 '하위토픽'들이 가지를 치며 뻗어 나갑니다. 중요한 것은 이 모든 토픽들이 각각 떨어져 있는 것이 아니라, 모두 '연결'되어 있다는 점입니다. 마인드맵의 핵심은 바로 이 '가지치기'입니다. 나무를 떠올려 보세요. 기둥에 가까운 가지는 굵고, 멀어질수록 가지가 얇아지죠. 마인드맵도 마찬가지입니다. 중심토픽에 가까운 선은 굵게, 멀어질수록 선을 얇게 그리면 시각적으로 더 명확해집니다. 키워드들을 선으로 잘 연결해 주어야 우리 머릿속에서도 신경세포들이 연결되고, 새로운 생각들이 조합될 수 있습니다.

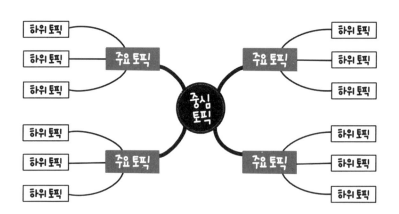

생각정리독서법

독서정리를 할 때 마인드맵이 효과적인 이유

책의 내용을 정리할 때 마인드맵이 효과적인 이유는 무엇일까요?

1) 책의 내용을 한 페이지로 정리할 수 있습니다

보통 책은 줄글 형태로 한 장 한 장 이어지지만, 마인드맵을 사용하면 책의 핵심내용을 구조화하여 한 페이지로 깔끔하게 정리할 수 있습니다. 이를 통해 복잡한 내용도 한눈에 쉽게 파악할 수 있으며, 글에서는 잘 드러나지 않는 저자의 사고 패턴과 논리 흐름도 파악할 수 있습니다. 책의 내용을 시각적으로 구조화하면서 저자가 어떻게 생각을 전개하고 논리를 연결했는지 한눈에 볼 수 있게 됩니다.

2) 내용 간의 연결성을 명확하게 파악할 수 있습니다

책을 읽다 보면 '이 내용이 저 부분과 어떻게 연결될까?'라는 의문이 생길 때가 있죠. 마인드맵은 각 장이나 개념들이 어떻게 연결되어 있는지 시각적으로 보여주기 때문에 내용 간의 흐름을 쉽게 이해할 수 있습니다. 복잡한 정보도 논리적으로 정리되어 보여지므로, 독해 과정이 훨씬 수월해집니다.

3) 책의 내용이 오래 기억에 남습니다

마인드맵은 단순한 텍스트가 아니라 이미지처럼 그려지기 때문에 우리 뇌가 더 쉽게 기억할 수 있습니다. 뇌는 글보다 이미지를 오래 기억하는 특성이 있기 때문에 마인드맵으로 책의 주요 내용을 정리하면 시각적인 이미지를 형성해 오래 기억할 수 있고, 나중에 그 내용을 더 쉽게 떠올리며 필요할 때 빠르게 회상할 수 있습니다.

마인드맵으로 책 내용 정리하기

이제 마인드맵을 그리는 방법을 알아볼까요? 마인드맵은 사용방법이 간단해 몇 가지 기본 단계만 기억하면 누구나 쉽게 따라 할 수 있습니다.

1) 중심토픽 : 책의 제목

마인드맵의 중앙에는 제목이나 핵심 아이디어 등 다루고자 하는 핵심주제를 적습니다. 이때 키워드를 이미지와 함께 그려 보는 것이 좋습니다. 이미지로 그리는 과정에서 정리하는 즐거움을 느낄 수 있고, 정리하고자 하는 주제에 대해 더 집중할 수 있게 됩니다.

중심 주제에서 뻗어 나가는 첫 번째 가지들은 주요토픽이 됩니다. 주요토픽은 마인드맵 주제의 핵심 키워드를 나타냅니다. 이렇게 주요토픽을 하나씩 정리하는 과정에서 자연스럽게 정리하고자 하는 내용의 전체 구조를 파악할 수 있게 됩니다.

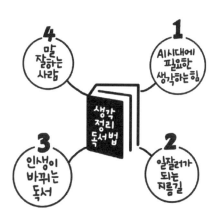

3) 하위토픽 : 핵심 키워드

각 주요토픽 다음의 하위토픽에는 해당 챕터의 제목, 소제목, 그리고 핵심 키워드를 적어 보세요. 이렇게 정리하면 책의 세부내용과 전체 구조를 더욱 명확하게 파악할 수 있습니다.

또한 기억에 남는 문장을 함께 적어 보거나 관련 이미지를 그려 보는 것도 좋은 방법입니다. 책을 읽으며 떠오른 나만의 생각을 덧붙여 정리해 두면 책의 내용과 나의 생각을 연결하며 깊이 있는 독서가 가능합니다.

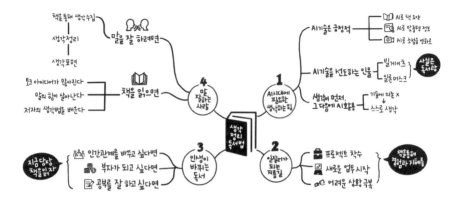

로직트리 구조로 책 내용 정리하기

이번에는 로직트리 구조로 '나를 성장시킨 비밀 〈생각정리독서법〉'을 주제로 책의 내용을 정리해 보겠습니다. '로직트리'는 논리의 나무라는 뜻으로, 왼쪽에서 오른쪽, 위에서 아래로 계층형 구조를 따라가며 내용을 정리하는 방식입니다. 책을 볼 때와 같은 시각적 흐름이라 익숙하게 사용하기 좋은 형태입니다.

마인드맵은 가로형 방사형 구조로 전체를 한눈에 볼 수 있는 장점이 있는 반면, 로직트리는 세로형 구조로 내용을 한눈에 일목요연하게 정리할 수 있다는 것이 장점입니다. 로직트리를 활용해 책 내용을 정리하면 내용이 체계적으로 시각화되어 쉽게 이해할 수 있습니다.

생각정리독서법

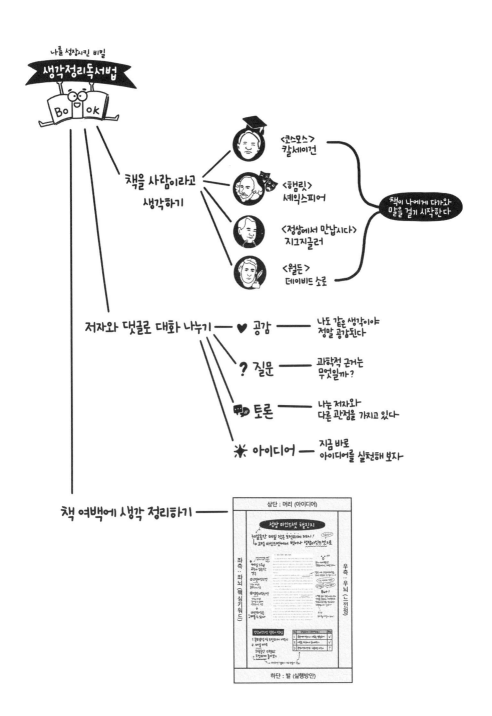

나를 성장시킨 비밀

생각정리독서법

BOOK

책을 사람이라고 생각하기

〈코스모스〉 칼세이건

〈햄릿〉 셰익스피어

〈정상에서 만납시다〉 지그지글러

〈월든〉 데이비드 소로

책이 나에게 다가와 말을 걸기 시작한다

저자와 댓글로 대화 나누기

♥ 공감 ─── 나도 같은 생각이야 정말 공감된다

? 질문 ─── 과학적 근거는 무엇일까?

👎 토론 ─── 나는 저자와 다른 관점을 가지고 있다

☀ 아이디어 ─── 지금 바로 아이디어를 실천해 보자

책 여백에 생각 정리하기

상단 : 머리 (아이디어)

좌측 : 좌뇌 (핵심키워드)

우측 : 우뇌 (느낀점)

하단 : 발 (실행방안)

디지털 마인드맵으로 한 권의 책을
한 장에 정리하기

디지털 마인드맵은 컴퓨터나 스마트폰을 사용해 마인드맵을 쉽게 만들고 확장할 수 있는 방법입니다. 대표적인 도구로는 Xmind와 알마인드 등이 있는데, 디지털 마인드맵을 사용하면 시각적으로 깔끔하게 정리된 마인드맵을 **빠르게** 만들 수 있습니다. 여러 가지 색상과 도형을 추가해 가독성을 높이고, 언제든지 편리하게 수정할 수 있다는 점이 큰 장점입니다. 디지털 도구는 복잡한 정보를 정리하거나, 많은 양의 자료를 한번에 다루고 싶을 때 유용합니다.

디지털 마인드맵을 활용해《생각정리독서법》의 내용을 한 페이지로 정리한 사례를 보시죠. 중심토픽에는 책 제목을, 주요토픽과 하위토픽에는 책의 목차를 정리했습니다. 이렇게 큰 뼈대를 먼저 정리한 뒤, 핵심 키워드나 자신의 생각을 덧붙이며 내용을 확장해 나갑니다. 디지털 마인드맵은 종이와 달리 공간의 제약이 없어 방대한 내용을 정리하기에 유용합니다. 이렇게 만들어진 디지털 마인드맵은 링크로 공유하거나 이미지로 저장, 인쇄하여 보관할 수 있습니다. 여러분도 디지털 마인드맵을 활용해 책의 목차와 내용을 정리해 보세요.

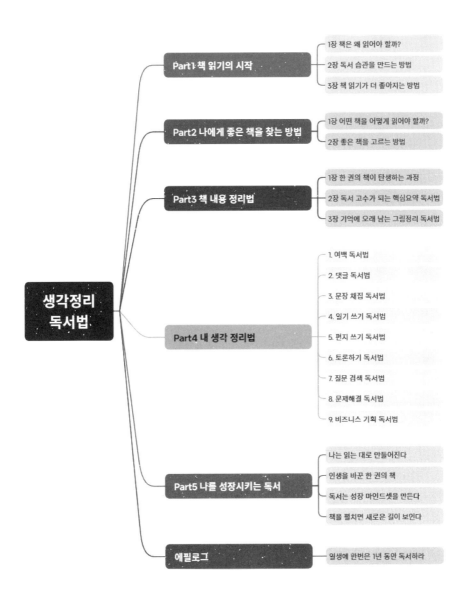

생각정리
독서법

Part1 책 읽기의 시작
- 1장 책은 왜 읽어야 할까?
- 2장 독서 습관을 만드는 방법
- 3장 책 읽기가 더 좋아지는 방법

Part2 나에게 좋은 책을 찾는 방법
- 1장 어떤 책을 어떻게 읽어야 할까?
- 2장 좋은 책을 고르는 방법

Part3 책 내용 정리법
- 1장 한 권의 책이 탄생하는 과정
- 2장 독서 고수가 되는 핵심요약 독서법
- 3장 기억에 오래 남는 그림정리 독서법

Part4 내 생각 정리법
- 1. 여백 독서법
- 2. 댓글 독서법
- 3. 문장 채집 독서법
- 4. 일기 쓰기 독서법
- 5. 편지 쓰기 독서법
- 6. 토론하기 독서법
- 7. 질문 검색 독서법
- 8. 문제해결 독서법
- 9. 비즈니스 기획 독서법

Part5 나를 성장시키는 독서
- 나는 읽는 대로 만들어진다
- 인생을 바꾼 한 권의 책
- 독서는 성장 마인드셋을 만든다
- 책을 펼치면 새로운 길이 보인다

에필로그
- 일생에 한번은 1년 동안 독서하라

04

만다라트로
정리하기

독서정리를 할 때 만다라트를 사용해 보는 것도 추천합니다. 〈생각정리 시리즈〉를 읽어 본 독자분들이라면 만다라트에 익숙할 겁니다. 만다라트는 강의와 책을 통해 마인드맵만큼 자주 소개했던 도구로, 종이 한 장만 있으면 누구나 쉽게 생각을 효과적으로 정리할 수 있습니다. 마인드맵이 가지를 뻗어 나가는 형태로 생각을 정리하는 대표적인 도구라면, 만다라트는 사각형의 빈 칸을 채워가며 생각을 정리하는 도구입니다.

만다라트

만다라트(Mandal-Art)는 '목표를 달성한다'는 의미의 'Manda+la'와

'Art'를 결합한 단어입니다. 이 기법은 일본의 디자이너 이마이즈미 히로아키가 불교의 만다라에서 아이디어를 얻어 창안한 것으로, 총 81칸 중 9개의 칸을 중심으로 내용을 체계적으로 정리하는 방법입니다. 중앙 9개의 칸에 주제를 적고, 이를 둘러싼 8개의 칸에 관련된 아이디어나 핵심내용을 적어 나가는 방식입니다.

만다라트는 왜 좋을까요?

만다라트의 가장 큰 장점은 쉽고 빠르게 생각을 정리할 수 있다는 점입니다. 이 외에도 다음과 같은 장점이 있습니다.

1) 한 페이지로 내용을 정리해 한눈에 볼 수 있습니다

만다라트는 가로·세로 9칸씩 총 81칸의 사각형을 그리는 것으로 시작하는데, 완성되면 모든 내용을 한 페이지에서 쉽게 파악할 수 있습니다.

2) 공백을 메우려는 심리가 아이디어 발상에 도움이 됩니다

만다라트는 빈 칸을 채우는 심리를 활용한 생각정리 기법입니다. 사람들은 빈 칸을 보면 채우고 싶어 하는 심리가 작용하는데, 이를 통해 다양한 아이디어를 떠올리게 됩니다.

3) 구체적이고 논리적으로 생각을 정리할 수 있습니다

만다라트는 중심토픽, 주요토픽, 하위토픽을 기입하는 칸으로 구성되어 있어 내용을 정리하는 동안 자연스럽게 논리 체계가 형성됩니다. 또한 세부내용을 적어 가면서 생각이 더욱 구체화됩니다.

만다라트로 독서정리를 하는 방법

그렇다면 만다라트를 활용해 어떻게 독서정리를 할 수 있을까요? 저는 주로 책의 내용을 한 페이지로 요약하고 정리하거나, 책을 읽고 떠오른 아이디어나 목표를 실행방안으로 구체화하고 싶을 때 만다라트를 활용하고 있습니다.

1) 책의 내용을 한 페이지로 정리하기

독자들이 책의 내용을 한눈에 파악하고 오랫동안 기억할 수 있는 방법이 없을까 고민하다 만다라트로 《생각정리스킬》의 내용을 한 페이지에 정리해 보았습니다. 만다라트로 정리된 내용 덕분에 책의 내용을 쉽게 이해하고, 기억에도 큰 도움이 되었다는 좋은 피드백을 받았습니다. 여러분도 읽고 있는 책의 내용을 만다라트로 정리해 보세요. 한눈에 들어오는 구조 덕분에 이해와 기억이 한층 더 쉬워질 겁니다.

생각정리독서법

복잡한 인생	어쩌면 당신의 이야기	모두에게 필요한 생각정리		생각정리 잘하는 법	생각의 시각화	두뇌 활동		생각정리 로드맵	생각정리 활용법	당신에게 필요한 생각도구
생각정리 강연회	1장 필요성	생각 업그레이드		전두엽	2장 원리	생각 정리 도구		만다라트	3장 생각정리	목표달성 기술
생각정리 스킬이 있는 사람	생각정리 기술	집행력 향상 비법		우뇌발산 좌뇌정리	나열 분류 배열	질문 확장 원리		결정장애 증후군	마인드맵	3의 로직트리

기획이란?	기획과 계획	니즈와 원츠		1장 필요성	2장 원리	3장 생각정리		독서전 스킬	기억에 남지 않는 이유	제목 속에 답이 있다
문제 해결	4장 기획	브레인 스토밍		4장 기획	생각 정리 스킬	5장 독서		독서중 스킬	5장 독서	목차의 구성을 기억하라
브레인 라이팅	퀘스천맵	한 페이지 기획서		6장 스피치	7장 인생	추천 Tool		독서후 스킬	여백에 생각을 정리하라	독서 리스트 작성

스피치가 두려운 당신	메라비언 법칙은 오해다	스피치 생각정리 프로세스		다이어리	일기쓰기 실패 이유	과거 추억 일기		만다라트	마인드맵	로직트리
대상과 목적 분석	6장 스피치	주제 선정		미래 설계 일기	7장 인생	인생 실천 목표		브레인 스토밍	추천 Tool	퀘스천맵
질문 나열	목차 설계	내용 작성		생각의 빅데이터	인생 그래프	버킷 리스트		노션	에버노트	나만의 도구를 찾아라!

2) 실천계획을 만다라트로 정리하기

좋은 책을 읽고 나면 자연스레 그 내용을 실천하고 싶다는 생각이 들죠. 이럴 때 만다라트를 활용해 보세요. 책에서 얻은 아이디어를 바탕으로 목표를 세우고, 이를 어떻게 실행할지 구체적으로 적어보는 겁니다. 단순히 읽고 끝나는 독서에서 벗어나, 실천으로 이어지는 실행독서로 바뀌게 될 것입니다. 다음 질문을 참고해 만다라트로《생각정리독서법》을 실천하기 위한 계획을 정리해 보세요.

- 나만의 독서 동기 떠올리기 : 여러분이 책을 읽어야 하는 진짜 이유는 무엇인가요?
- 지속가능한 독서 습관 만들기 : 독서 습관을 만들기 위해 어떤 방법을 실천해 볼 계획인가요?
- 다양한 방법으로 책과 친해지기 : 책과 친해지기 위해 어떤 방법을 시도해 볼 계획인가요?
- 나에게 맞는 좋은 책 찾아보기 : 어떤 책을 읽고 싶나요? 읽고 싶은 책의 추천도서 목록이 있나요?
- 핵심파악 독서법 활용해 보기 : 핵심파악 독서법을 적용하고 싶은 책은 어떤 책인가요?
- 책 내용 정리법 실천해 보기 : 책 내용을 이해하고 정리하기 위해 어떤 방법을 사용할 계획인가요?
- 내 생각 정리법 실천해 보기 : 이 책에 나오는 내 생각 정리법 중 활용하고 싶은 방법은 무엇인가요?
- 나만의 독서 성장 스토리 만들기 : 독서를 통해 미래에 어떤 모습으로 성장하고 변화하고 싶나요?

[〈생각정리독서법〉 만다라트 템플릿]

	나만의 독서 동기 떠올리기			지속 가능한 독서습관 만들기			다양하게 책과 친해지기	

				나만의 독서 동기 떠올리기	지속 가능한 독서습관 만들기	다양하게 책과 친해지기		
	나에게 좋은 책 찾아보기		나에게 좋은 책 찾아보기	**생각 정리 독서법**	독서 성장스토리 만들기		독서 성장스토리 만들기	
			핵심파악 독서법 활용하기	책 내용 정리법 실천하기	내 생각 정리법 실천하기			

	핵심파악 독서법 활용하기			책 내용 정리법 실천하기			내 생각 정리법 실천하기	

05

그래픽 레코딩으로 정리하기

이미지로 시각화하여 정리하는 것에 관심이 있는 분들에게 소개하고 싶은 또 다른 기법은 그래픽 레코딩입니다. 그래픽 레코딩은 책을 읽으며 실시간으로 내용을 정리하는 방식으로, 그림과 낙서가 결합해 생각을 한 장에 정리하는 기법이에요. 그래픽 레코더라는 전문 직업도 있는데, 그들은 회의, 컨퍼런스, 세미나 등에서 실시간으로 빠르게 내용을 정리하며 한 장의 이미지로 만들어 냅니다.

〈생각정리 시리즈〉를 집필하며, 그래픽 레코딩 전문가 김기영 대표와 함께 협업해 책의 내용을 그래픽 레코딩으로 작업했었습니다. 그의 뛰어난 그래픽 레코딩 실력이 어디에서 왔는지 질문했더니 책의 주요 내용을 그림으로 요약하거나 스케치하며 꾸준히 이어온 그림 독서노트에서 비롯되었다고 합니다. 여러분도 그래픽 레코딩 예시를 참고하여 책의 내용을 그림으로 정리해 보세요.

[《생각정리기획력》그래픽 레코딩]

생 각 정 리 독 서 법

Part 4

내 생각
정리법

01

여백 독서법

여러분은 책을 자세히 관찰해 본 적이 있나요? 본문을 보면 여러 요소가 있습니다. 문장이 서술되어 있고, 내용과 관련된 이미지나 도표 등이 있습니다. 그리고 또 하나가 있는데요. 집중해서 글을 읽다 보니 의식하지 못했던 빈 공간, 바로 '여백'이 있습니다. 어느 날 여백을 보던 중 이런 상상을 했습니다.

'책에 여백이 있는 이유가 무엇일까?'

여백이 단순한 공백이 아닌, 생각을 정리할 수 있는 공간이라는 생각이 들었습니다. 책을 읽다 보면 다양한 생각이 떠오르는데, 이 여백에 그 생각들을 정리하라고 있는 게 아닐까 싶었죠. 여백은 4가지 분면으로 이뤄져 있는데, 이런 생각이 들더라고요.

'좌측은 좌뇌 역할, 우측은 우뇌의 역할이다. 상단은 머리 역할이고, 하단은 발의 역할이다.'

그래서 여백의 상하좌우를 이렇게 활용해 보기로 했습니다. 반드시 구간에 맞춰 정리해야 하는 건 아니지만, '요약, 느낀 점, 아이디어, 실행방안'이라는 4가지 요소를 염두에 두고 여백을 활용해 보니, 책의 내용과 생각을 균형 있게 정리할 수 있었습니다.

[여백 독서법]

• 좌측	'좌뇌'의 논리적인 영역으로, 내용을 요약하거나 중요한 키워드 적어 보기
• 우측	'우뇌'의 창의적인 영역으로, 책을 읽고 느낀 점이나 감정적인 생각 적어 보기
• 상단	'머리' 부분으로, 떠오른 아이디어나 영감 적어 보기
• 하단	'발' 부분으로, 실행방안이나 실제 행동계획 적어 보기

예를 들어 캐럴 드웩의 《마인드셋》을 읽는 중이라고 가정해 볼게요. 여러분은 지금 두 가지 마인드셋에 대한 설명을 읽고 있습니다. 이때 책을 보며 여백을 활용해 이렇게 생각을 정리해 볼 수 있습니다.

좌측 : 논리적인 요약(요약, 키워드)

먼저 책을 읽으며 중요하다고 생각되는 키워드나 내용을 요약해 여백의 좌측에 다음과 같이 적고, 필요한 경우 도식화해 봅니다.

캐럴 드웩 교수가 입증한 연구

"어떤 마인드셋을 선택하느냐에 따라 인생이 바뀐다!"

1) 고정 마인드셋 : 인간의 자질이 불변한다는 믿음

2) 성장 마인드셋 : 인간의 자질은 성장한다는 믿음

3) 저자의 주장 : 마인드셋은 바꿀 수 있다는 사실이 입증되었다!

우측 : 공감되었거나 느낀 점(느낀 점)

책을 읽으면서 느낀 점이 있다면 여백의 우측에 감정을 자유롭게 적거나 느낀 점을 진솔하게 적어 봅니다.

"와, 40년 동안 마인드셋 연구를 했다니 정말 대단하다!"

"나는 그동안 '어차피 안 돼. 재능이 없어. 이미 늦었어' 같은 고정 마인드셋을 가지고 있었던 것 같아. 하지만 이제부터는 성장 마인드셋을 갖기 위해 노력해야겠어!"

상단 : 머리(아이디어)

책에서 제시한 '마인드셋'이라는 개념을 보니, 문득 '성장 마인드셋 챌린지를 시작해 보면 어떨까?' 하는 아이디어가 떠오릅니다. 그 럼 여백의 상단에 이렇게 적어 봅니다.

"성장 마인드셋 챌린지를 시작해 보면 어떨까? 30일 동안 매일 작은 도전과제를 제시하고, 이를 통해 고정 마인드셋에서 벗어 나 성장 마인드셋을 실천해 보는 챌린지를 해보면 좋을 것 같다."

하단 : 발(실행방안)

상단에 적은 아이디어를 실천하려면 구체적인 계획이 필요합니 다. 이런 생각을 하며 여백의 하단에 실행방안을 적습니다.

1) 성장 마인드셋 챌린지 방법
　①목표 설정 및 도전과제 세우기
　②매일 저녁, 하루 동안 수행한 도전과제 돌아보기
2) 도전과제 예시
　①루틴에서 벗어나 새로운 경험 시도하기
　②새로운 지식이나 단어 배워 보기
　③긍정 마인드셋으로 대화법 바꿔 보기
3) 마인드셋 챌린지 노트를 만들어 관리하기

성장 마인드셋 챌린지

30일동안 매일 작은 도전과제 제시!
↳ 고정 마인드셋에서 벗어나 성장마인드셋으로

할수있다!

어떤 마인드셋을 선택 하냐에 따라 인생이 바뀐다

★ 캐럴 드웩 교수가 입증한 연구

① 고정마인드셋
인간의 자질은 불변한다는 믿음

② 성장마인드셋
인간의 자질은 길러낼 수 있으며 성장한다는 믿음

★ 마인드셋은 바꿀 수 있다

두 가지 마인드셋의 의미

지난 40년간의 제 연구는, '어떤 관점을 택하느냐'가 사람이 일생을 살아나가는 방식에 지대한 영향을 미친다는 점을 입증했습니다. 당신이 '어떤 관점을 택하느냐'가 자신이 되고 싶은 사람이 될 수 있는지, 인생의 가치를 실현할 수 있는지를 결정한다는 것입니다. 어떻게 이런 일이 가능한 것일까요? 어떻게 하나의 단순한 믿음이 당신의 심리, 나아가 당신의 인생을 바꿔 놓을 힘을 가지는 것일까요?

인간의 자질이 돌에 새겨진 듯 불변한다는 믿음, 즉 '고정 마인드셋(fixed mindset)'은 스스로를 계속해서 증명해 보일 것을 요구합니다. 즉 일정한 지능, 개성, 도덕성이 어떤 형태로 있다면 이왕이면 충분한 양을 보유하고 있다고 보여야 합니다. 그렇지 않으면 인간이 갖춰야 할 기본적인 자질들이 부족해 보이거나 느껴지지 않을 것처럼 보이기 때문이지요.

그러나 이런 자질들을 정녕 믿고 살아가는 사람도 있습니다. 또 다른 마인드셋이 있습니다. 별것 아닌 패를 들고도 엄청난 카드를 쥐고 있는 정치적 자신과 상태를 속이지 않아도 된다는 것입니다. 이 '성장 마인드셋(growth mindset)'은, 당신이 현재 가진 자질이 단지 성장을 위한 출발점일 뿐이며, 노력이나 전략, 또는 타인의 도움을 통해 얼마든지 길러낼 수 있다는 믿음에 바탕을 두고 있습니다. 네초에 갖고 있는 재능이나 적성, 관심사나 기질은 저마다 다를지라도, 누구나 응용과 경험을 통해 변화하고 성장할 수 있다는 뜻이지요.

마인드셋은 우리 삶의 정말 중요한 부분이지만, 당신이 얼마든지 바꿀 수 있는 겁니다. 두 가지 마인드셋에 대해 이해하기만 하면 당신은 새롭게 생각하고 반응할 수 있습니다. 비록 현재 고정 마인드셋을 갖고 있는 사람이라고 해도 있으로 항상 그대로 하는 건 아니라는 걸 깨닫는 일이 중요합니다. 실제로 우리의 연구 중 많은 부분에서 우리는 사람들을 성장 마인드셋으로 돌려놓았습니다.

'0' !!!
와~ 40년동안 연구하다니, 대단해~

그동안 나도 고정마인드셋을 가지고 있었던 것 같아 ㅠㅠ

나는 어차피 안돼
난 재능없어   이미 늦었어

But!
이 책을 읽고 성장 마인드셋의 개념을 알았으니 이제부터는 성장 마인드셋을 갖기위해 노력할거야! 웃자~

???
근데 뭘 어떻게 하지?

성장마인드셋 챌린지 방법

1. 목표설정 및 도전과제 세우기
2. 매일 저녁
   하루동안 수행한
   도전과제 돌아보기
   ↳ 마인드셋 챌린지 노트 만들어 관리

No	도전과제 (구체적으로)	확인
1	루틴에서 벗어나 새로운 경험하기	√
2	새로운 지식이나 단어배우기	√
3	긍정마인드셋으로 대화법 바꾸기	?

책을 읽을 때는 단순히 읽기만 하는 것에 그치는 것이 아니라, 여백에 내 생각을 정리해 보세요. 그 과정에서 나의 생각이 더 커지고, 한 장을 읽더라도 책의 내용을 온전히 나의 것으로 만들 수 있습니다.

여백에 자유롭게 생각을 정리해 보세요

여백 독서법에는 정답이 없습니다. '반드시 상단에 아이디어를 적거나, 좌측에 핵심내용을 요약하는 식'의 정해진 방식이 아닙니다. 책을 보고 떠오른 생각을 여백에 자유롭게 활용하는 것이 핵심입니다. 여러분만의 방식으로 생각, 아이디어, 느낌 등을 여백에 기록해 보세요. 예를 들어 저는 여백에 다양한 방식으로 기록합니다.

- 저자의 생각에 공감하며 댓글 남기기
- 하루 일과를 떠올리며 일기 쓰기
- 책을 추천하고 싶은 누군가에게 편지 쓰기
- 관련 주제로 저자와 토론하기
- 비즈니스 아이디어 구체화하기

Part 4에서는 책의 여백에 내 생각을 정리하는 다양한 방법과 노하우를 소개해 드리겠습니다.

[책의 여백에 내 생각을 정리하는 독서법]

- 댓글 독서법

- 문장 채집 독서법

- 일기 쓰기 독서법

- 편지 쓰기 독서법

- 토론하기 독서법

- 질문 독서법

- 문제해결 독서법

- 비즈니스 기획 독서법

02

댓글 독서법

유튜브를 보거나 인터넷 서핑을 하다 보면 종종 눈길을 끄는 콘텐츠를 발견합니다. 정말 재미있거나 감동적이거나 유익한 콘텐츠를 보면 댓글을 남기고 싶어집니다.

배꼽 빠지게 재미있는 영상을 보면 'ㅋㅋㅋㅋㅋ' 이렇게 웃긴다는 표시로 댓글을 남기기도 하고, 자신에게 도움이 되는 양질의 내용이면 '유익한 내용을 만들어 주셔서 정말 고맙습니다'라고 감사의 글을 올리기도 합니다. 가끔은 감동적인 콘텐츠를 볼 때도 있습니다. 예를 들어 김광석의 '어느 노부부의 이야기'와 같은 슬픈 노래를 듣다가 댓글 창이 궁금해서 보았는데, 사람들이 단순히 '좋다'거나 '슬프다'는 감상에 그치지 않고 자신들의 이야기를 공유하고 있었습니다. 누군가는 돌아가신 부모님에 대한 추억을 떠올리고, 또 다른 누군가는 병원에서 투병생활을 하는 가족에 대한 걱정을 적어 두고,

누군가는 대댓글로 위로와 응원의 메시지를 남기고 있었습니다. 댓글 하나하나가 마치 짧은 편지처럼 쌓여가고 있었습니다. 이처럼 좋은 콘텐츠에는 수많은 사연이 함께 숨 쉬고 있습니다.

그런데 책을 읽을 때도 이런 방식으로 책과 소통할 수 있습니다. 책에 댓글을 남겨 보는 겁니다. 저는 책과 빨리 친해지는 방법이 바로 '댓글 독서법'이라고 생각합니다. **댓글을 남기는 과정에서 저자와 대화를 나누며 소통할 수 있기 때문입니다.**

그렇다면 책에 댓글은 어떻게 남겨야 할까요? 생각은 빠르게 사라지기 때문에 댓글은 가능한 한 즉시 적는 것이 좋습니다. 이때 댓글 옆에 시간과 장소를 함께 기록해 두면 효과적입니다. **시간**을 기록하는 이유는 언제 떠올랐던 생각인지 나중에 명확히 알 수 있기 때문입니다. 이렇게 시간을 기록해 두면 시간이 지나면서 생각이 더욱 발전할 수 있고, 이를 바탕으로 대댓글을 달며 내 생각을 확장해 나갈 수 있습니다. 또한 **장소**를 기록하는 것도 중요한데, 우리의 기억은 장소와 함께 저장되는 경향이 있습니다. 그래서 특정 장소에서 떠올랐던 생각을 기록해 두면 추후에 그 장소와 연관된 내용이 쉽게 떠오를 수 있습니다. 댓글을 남길 때는 다음과 같이 자유롭게 남기면 됩니다.

이제부터 책을 읽다 생각이 떠오르면 책의 여백에 짧은 댓글을 남겨 보세요. 마치 SNS에 댓글을 남기듯 그때그때 떠오른 생각과 감정을 책에 기록하는 거예요. 이렇게 하면 저자와 더 깊이 소통하게

[댓글 독서법]

상황	댓글 방법
1) 공감을 느꼈을 때	책의 내용에서 자신의 생각과 일치하는 문장을 발견하면 공감한 내용을 댓글로 남겨 봅니다. "《월든》의 헨리 데이비드 소로우가 말한 '단순하게 살수록 더 자유로워진다'는 생각에 깊이 공감한다."
2) 감동을 받았을 때	감동적인 내용을 발견하면 어떤 부분에서 어떤 감정을 느꼈는지 댓글을 남깁니다. "저자가 역경을 극복하고 결국 꿈을 이루는 과정이 너무 감동적이었다. 포기하지 않는다면 반드시 꿈을 이룰 수 있다."
3) 즐거움을 느꼈을 때	글을 읽다 재미있는 부분이 있으면 즐겁다는 내용을 댓글로 남겨 보세요. "눈물까지 나네. 웃다가 울어 본 건 또 처음이야!" "아, 진짜 이게 뭐야! 혼자 읽다 빵 터졌네!"
4) 의문이나 질문이 생겼을 때	책을 보면서 이해가 되지 않는 부분이 있거나, 궁금한 내용이 생기면 질문을 남겨 보세요. "니체가 말하는 '디오니소스적인 것'이라는 개념이 잘 이해되지 않는다." "구체적으로 어떤 방법이 있을까?"
5) 유용한 정보를 얻었을 때	새로운 지식을 얻게 되었거나, 콘텐츠에서 얻은 정보가 도움이 되었을 때 댓글을 남겨 둡니다. "감정코칭에 대한 새로운 개념을 알았다. 대화를 할 때 적용해 봐야겠다."
6) 논쟁이나 의견이 생겼을 때	만약 저자와 다른 의견이 있다면 나의 관점과 무엇이 다른지 표현해 봅니다. "나는 저자의 생각과 다르다. 나는 이렇게 해야 한다고 생각한다."
7) 아이디어가 떠올랐을 때	책을 보던 중 아이디어가 떠오르면 어떤 아이디어가 떠올랐는지 적어 봅니다. "올해 트렌드를 읽어 보니 이런 아이디어가 떠올랐다. 사업에 적용해 봐야겠다."
8) 실천방안이 떠올랐을 때	책에서 실천해 볼만한 내용이 있으면 실행계획을 적어 봅니다. "저자가 추천한 아침 루틴을 나에게 맞게 실천해 보자. 평소보다 30분 일찍 일어나 가볍게 스트레칭을 하고, 물 한 잔을 마신 뒤 10분 정도 책을 읽거나 산책을 해보자."

되고, 책의 내용을 나의 경험과 연결하며 더 가치 있는 독서시간을 만들 수 있습니다. 시간이 흘러 다시 책을 보았을 때 과거에 내가 적었던 댓글에 대댓글을 남긴다면 저자와의 소통을 넘어 과거의 나와 현재의 나의 소통도 가능해질 것입니다.

책을 깨끗하게 읽고 싶다면 포스트잇 활용하기

책에 생각을 정리하라고 하면 어떤 분들은 책이 더러워지는 게 싫어 망설입니다. 깨끗하게 책을 읽고 싶기 때문이죠. 책에 메모를 남기면 다음에 책을 볼 때 오히려 방해가 된다고 생각하기도 합니다. 중요한 부분에 밑줄을 그었는데, 그 밑줄 때문에 다른 중요한 내용을 놓칠 수 있다는 걱정이 되기도 하고요. 게다가 빌린 책이라면 밑줄이나 메모를 남길 수 없어서 고민이 더 커집니다.

좋은 책을 읽으며 떠오르는 생각을 기록하고 싶지만, 책에는 남기고 싶지 않다면 어떻게 해야 할까요? 이럴 때는 포스트잇을 활용해 보세요. 포스트잇을 사용하면 책을 깨끗하게 유지하면서도 여백에 메모를 남길 수 있습니다. 나중에 포스트잇을 떼어 내서 독서노트에 옮기거나 디지털 메모로 정리할 수도 있죠. 이렇게 하면 책을 읽다가 떠오른 좋은 생각을 놓치지 않고 오랫동안 간직할 수 있습니다.

독서 중 떠오른 생각들은 책의 문장만큼이나 소중한 보물입니다. 하지만 아무리 보물과 같은 좋은 생각이라도 기록하지 않으면 기억에서 사라집니다. 그래서 어떻게든 그 생각들을 기록해 두는 것이 중요합니다. 정리는 하고 싶지만 책은 깨끗하게 보고 싶은 분들은 '포스트잇'을 활용해 보세요.

03

문장 채집 독서법

책을 읽다 보면 마음에 깊이 새기고 싶은 좋은 문장을 발견할 때가 있습니다. 그럴 때 저는 펜을 들고 노트에 문장을 옮겨 적습니다. 저는 이 과정을 '문장 채집'이라고 부릅니다. 마치 여행 중 아름다운 풍경을 만나면 사진으로 남기듯, 책을 읽다 깨달음이나 감동을 준 문장을 발견하면 기록해 두는 거죠.

여러분도 오랫동안 기억하고 싶은 문장이 있나요? 그렇다면 밑줄을 긋거나 필사를 해보세요. 손으로 문장을 적는 과정은 느리지만, 그 느림 덕분에 문장을 천천히 곱씹으며 더 깊이 생각할 수 있습니다. 문장을 필사한 다음 '언제, 어디에서, 왜 이 문장을 필사했는지'를 함께 적어 둔다면 그 감동을 오랫동안 기억할 수 있습니다.

밑줄은 어디에 그을까?

그런데 밑줄은 어디에 그으면 좋을까요? 저의 경우 **마음에 와닿는 문장, 핵심 메시지, 댓글을 남기고 싶은 문장** 등에 밑줄을 칩니다.

1) 마음에 와닿는 문장

깨달음을 준 문장이나 마음에 와닿는 문장에 밑줄을 칩니다. 오랫동안 기억하고 싶은 문장은 '문장 채집'의 과정으로 노트에 옮겨 적고, 나중에 다시 곱씹어 보기도 합니다.

2) 핵심 메시지

글은 핵심 메시지와 부연설명으로 구성되는데, 저자가 전하고자 하는 핵심 메시지나 주제를 발견하면 밑줄을 칩니다. 그런 부분에 밑줄을 치면 나중에 다시 읽을 때 중요한 내용을 쉽게 인식할 수 있어 좋습니다.

3) 댓글을 남기고 싶은 문장

주요 메시지는 아니지만 문장을 읽다가 댓글을 남기고 싶은 순간이 옵니다. 그럴 때 그 문장에 밑줄을 쳐두고, 그 문장에 대한 생각을 댓글로 남겨 두면 나중에 더 깊이 생각할 수 있습니다.

04

일기 쓰기 독서법

오랫동안 일기를 써온 저는 종종 책의 여백에 일기를 적곤 합니다. 책을 읽다 보면 어떤 문장이나 단어가 그날 하루에 있었던 일이나 생각을 떠오르게 할 때가 있습니다. 그럴 때 책의 여백에 곧바로 일기를 써 내려갑니다. '이 내용을 나중에 일기장에 써야지' 하고 생각하고 있다가 나중에 다시 쓰려고 하면 그 생각을 잊어버리기 때문입니다.

그냥 흘려보내기엔 아까운 생각들, 그 순간의 생각을 어디든 남기고 싶을 때 책의 여백에 즉시 남겨 보세요. 오늘 하루 기억에 남았던 일이나 고민, 목표를 향한 다짐 등 마음속에 떠오르는 것들을 자유롭게 써 내려가 보세요. 일기를 다 쓰고 나면 마음이 한결 후련해지고, 생각이 정리된 느낌을 받습니다. 그제야 비로소 책에 온전히 집중할 수 있게 됩니다.

어느 날 서재에 꽂아둔 책을 오랜만에 꺼내 볼 때가 있습니다. 책을 보다 어느 지면에서 예전에 썼던 일기를 발견하게 되면 마치 과거의 나와 다시 만나는 기분이 듭니다. 3년 전, 5년 전, 10년 전에 썼던 일기에는 그때의 내 생각과 감정이 그대로 남아 있거든요. '그때 내가 이런 감정을 느꼈었구나' '당시 이런 고민을 했었네'라고 생각하며, 지금의 시점에서 과거의 나를 바라보게 됩니다. '그때 내 선택이 지금의 나를 이렇게 만들었구나' 하고, 그동안의 생각과 결정이 모여 지금의 나를 이루어 냈다는 사실을 새삼 깨닫게 되는 순간도 있습니다. 이러한 점이 책에 일기 쓰기의 매력인 것 같습니다.

일기 쓰기는 진솔하고 자유롭게 적는 게 핵심

일기 쓰기를 어렵게 생각하는 분들도 있을 텐데요, 일기는 부담 없이 쓸 수 있는 개인적인 기록입니다. 누군가에게 보여주는 글이 아닙니다. 그러니 문장 구조나 맞춤법을 걱정할 필요 없이 떠오르는 대로 솔직하게 적으면 됩니다. **중요한 것은 '얼마나 진솔하게 현재 내 생각을 기록하느냐'입니다.**

그래도 어렵다면 정말 내 이야기를 잘 들어주는 친구에게 속마음을 털어 놓는다고 생각해 보세요. 그저 묵묵히 들어주고 공감해 주는 친구, "네 말이 옳아"라고 말해 줄 수 있는 그런 친구에게 내 마음을 털어놓는다는 생각을 가지고 일기를 써보세요.

오늘 하루는 어땠나요? 지금 어떤 생각과 감정을 느끼고 있나요?
아래의 Diary에 '오늘 있었던 일과 지금의 나'를 돌아보며 일기를 적
어 보세요.

Diary

_____

_____

_____

_____

_____

_____

_____

_____

250

05

편지 쓰기 독서법

혼자 읽기 아까울 만큼 좋은 책을 발견하면 소중한 사람에게 꼭 권해 주고 싶은 마음이 생깁니다. '이 책은 새로운 사업을 준비하는 규림이가 꼭 읽어 봤으면 좋겠어' 또는 '요즘 기획에 고민이 많은 지수에게 딱 맞는 책이야' 이런 생각이 들 때 저는 책을 사서 선물합니다.

때로는 제가 읽으며 정리했던 내용을 그대로 공유하기도 합니다. 책의 앞부분에 그 사람을 떠올리며 짧은 편지를 적고, 책을 추천하는 이유와 함께 마음을 담아 전달하는 거죠.

편지 쓰기 독서법은 군대에 있을 때 유용하게 활용했던 저만의 방법입니다. 책을 읽으며 새롭게 배운 것을 친구들과 나누고 싶었지만, 대부분의 친구들이 모두 군대에 갔기 때문에 뿔뿔이 흩어져 있었습니다. 그래서 내가 읽은 책에 편지를 적어 우편으로 보내는 아이디어를 떠올리게 되었습니다.

"대영아, 이 책을 읽고 밑줄도 긋고, 여백에 너의 생각도 적어 줘. 그리고 다 읽으면 성현이에게 넘겨줘."

이렇게 편지를 쓴 책을 돌려 읽으며, 서로의 생각과 감정을 공유했습니다. 친구들은 제가 쓴 댓글에 다시 댓글을 달고, 그 안에서 자연스럽게 대화를 이어갔습니다. 서로 몸은 떨어져 있었지만, 마음만큼은 함께 연결되어 있다는 느낌을 받았습니다.

몇 달 후 책이 다시 제게 돌아왔을 때는, **친구들과 함께 만든 소중한 추억이 담긴 특별한 책이 되어 있었습니다.** 이렇게 우리는 한 권의 책을 서로 공유하고 대화하며 함께 성장할 수 있었습니다.

지금도 책을 읽다 보면 누군가에게 '이 책을 선물하고 싶다'는 생각이 들 때가 있습니다. 그럴 때면 그 사람의 이름을 적고, 편지를 써 책을 선물하거나 제가 읽던 책을 빌려주곤 합니다.

여러분도 지금 읽고 있는 책 중에 누군가에게 선물하고 싶은 책이 있나요? 그 사람을 떠올리며 책의 여백 어딘가에 편지를 적어 보세요. **책 한 권이 서로의 마음을 이어주는 연결고리가 될 거예요.**

06

토론하기 독서법

어린 시절, 저는 책이 완벽하다고 믿었습니다. 책은 특정 분야에서 전문적인 사람이 자신의 완벽한 생각을 담아낸 결과물이라고 생각했던 거죠. 그래서 책이 굉장히 신성하게 느껴졌고, 나와는 거리가 먼 전문가의 영역이라고 생각했습니다. 그런데 성인이 되고 많은 책을 읽으면서 사람은 완벽하지 않은 존재이고, 책도 사람이 쓴 것이기 때문에 완벽할 수 없다는 사실을 깨닫게 되었습니다.

책이 아무리 설득력이 있어 보여도, 그것이 100% 완벽한 논리를 가진 것은 아닙니다. 그 역시도 저자의 경험과 생각, 그리고 그가 바라보는 세상의 일부일 뿐입니다. 그래서 저자의 생각을 존중하고 공감하며 읽는 것도 중요하지만, 때로는 비판적인 관점으로 책을 읽을 줄도 알아야 합니다.

'어? 이건 아닌데?' '나는 다르게 생각하는데?' '내 경험과는 좀 다른 것 같아' 이런 생각들이 떠오를 때가 바로 비판적 사고가 발현되는 순간이며, 이것은 매우 정상적인 과정입니다. 모든 주장에는 반대 의견이 있을 수 있기 때문입니다. 그렇다면 비판적인 사고를 기르는 방법은 어떤 것이 있을까요?

PREP 기법 : 논리적 사고를 돕는 생각법

비판적 사고를 키우기 위한 유용한 생각법 중 하나가 'PREP 기법'입니다. 주장, 이유, 예시, 다시 주장의 순서로 논리를 전개하는 방식입니다. 이 흐름을 활용하면 논리적인 생각이 만들어집니다.

- P(Point) : 주장
- R(Reason) : 이유
- E(Example) : 예시
- P(Point) : 다시 주장

예를 들어 저자가 어떤 주장을 하고 있다면 '주장'에 대한 '이유'와 그에 따른 '예시'가 무엇인지 찾아보고, 다시 '주장'을 정리해 보는 겁니다. '잘하는 일 vs 좋아하는 일'을 주제로 PREP을 활용해 정리해 보겠습니다.

- P : 성공하기 위해서는 잘하는 일을 선택하는 것이 더 중요하다.
- R : 왜냐하면 잘하는 일을 할 때 더 빠르게 성과를 내고 경쟁력을 확보할 수 있기 때문이다.
- E : 예를 들어 운동 신경이 뛰어난 사람이 스포츠를 선택하면 다른 사람들보다 더 적은 시간과 노력으로 두각을 나타낼 수 있다. 타고난 강점을 활용하면 더 효율적으로 전문성을 키우고 성공할 가능성이 높아진다.
- P : 따라서 잘하는 일을 선택하는 것이 실질적인 성과를 달성하고 성공으로 이어지는 가장 합리적인 방법이다.

AREA 기법 : 반론을 만드는 생각법

비판적 사고를 키우고 싶다면 저자의 논리를 분석한 뒤, 내 생각은 어떤지 정리해 봅니다. 이때 만약 반론을 제기하고 싶다면 'AREA 기법'을 사용해 볼 수 있습니다. AREA는 주장, 이유, 근거, 다시 주장의 흐름으로 반론하는 정리법입니다.

- A(Assertion) : 주장
- R(Reason) : 이유
- E(Evidence) : 근거
- A(Assertion(Restated)) : 다시 주장

만약 위의 주장을 반박한다면 다음과 같이 말할 수 있습니다.

- A : 나는 좋아하는 일을 선택하는 것이 더 중요하다고 생각한다.
- R : 왜냐하면 좋아하는 일은 내적 동기를 강화해 포기하지 않고 지속적으로 도전하게 만들기 때문이다.
- E : 예를 들어 글쓰기를 좋아하는 사람이 꾸준히 글을 쓰다 보면 자연스럽게 실력이 향상되고, 결국 작가로서 인정받을 수 있다. 미하이 칙센트미하이의 몰입(Flow) 이론에 따르면, 좋아하는 일을 할 때 집중력이 극대화되어 더 높은 성과를 낼 수 있다.
- A : 따라서 좋아하는 일을 선택하면 즐거움과 열정을 바탕으로 장기적으로 더 의미 있는 성과를 이룰 수 있다.

저자의 이야기에 공감하며 경청하는 것도 중요하지만, **때로는 비판적으로 질문을 던지고 생각을 나눌 때 내 생각을 더욱 깊이 있게 발전시킬 수 있습니다.** 또한 책을 보며 저자와 토론을 통해 통합적인 결론을 도출하는 연습도 할 수 있습니다.

예를 들어 '좋아하는 일을 시작점으로 삼으면 지속적인 동기부여와 행복을 얻을 수 있다'와 '잘하는 일을 발전시키면 효율적이고 실질적인 성과를 만들어 낼 수 있다'를 결합하면, 결국 '좋아하는 일을 선택하되, 그것을 잘하게 만들기 위해 노력하는 것이 가장 합리적이다'라는 결론에 도달할 수 있습니다. 이처럼 PREP과 AREA 구조를 활용하면 논리적 흐름이 명확해지고, 두 관점을 비교하면서도 균형 잡힌 통합적 결론까지 이끌어 낼 수 있습니다. 제가 소개해 드린 'PREP 기법'과 'AREA 기법'을 활용해 논리적 사고를 한층 더 발전시켜 보기 바랍니다.

07

질문 검색 독서법

책에 더욱 몰입하고 싶은가요? 가장 빠르게 몰입하는 방법은 '질문'을 활용하는 것입니다. 책의 제목이나 챕터의 제목을 보며 책의 여백에 질문을 적어 보세요. 예를 들어《소크라테스의 변명》을 읽는다면 책을 읽기 전 제목을 보고 여러 가지 질문을 던질 수 있습니다.

'왜 책의 제목이 '변명'일까?'
'소크라테스는 어떤 변명을 했을까?'
'변명을 어디에서 어떻게 한 걸까?'
'그 결과 어떻게 되었을까?'

이런 질문을 던지며 책을 읽다 보면 어느 순간 답을 찾게 됩니다. 소크라테스가 어디에서 누구에게 왜 변명을 했는지 큰 깨달음을 얻

생각정리독서법

을 수 있고, 저자가 말하려던 핵심이 보이기 시작합니다.

최인철 교수님의 《굿 라이프》라는 책을 읽을 때도, 이렇게 질문을 던질 수 있습니다.

'굿 라이프란 무엇일까?'
'나에게 좋은 삶은 어떤 삶일까?'
'나는 지금 좋은 삶을 살고 있나?'
'어떻게 하면 좋은 삶을 살 수 있을까?'

이렇게 질문을 하다 보면 답을 찾으려는 심리가 작용하여 책을 읽는 과정이 더욱 능동적이 됩니다. 질문 없이 단순히 글을 따라가는 것과 달리, 질문을 던지면 책과 대화하는 경험을 하게 됩니다. 그 과정에서 더 많은 답을 찾으며 깊이 있는 사고를 할 수 있습니다.

질문을 던지는 것은 검색엔진에 키워드를 넣어 정보를 찾는 것과 비슷합니다. 예를 들어 제주도에 있는 맛집을 찾는다고 가정해 보죠. 검색창에 그냥 '제주도 맛집'만 넣기보다 '제주도 서귀포 흑돼지 맛집, 부모님과 함께하면 좋은 맛집'처럼 구체적으로 검색을 하면 더 정확하고 쓸모있는 결과가 나옵니다.

책을 읽을 때도 마찬가지입니다. 구체적인 질문을 던지면 책의 내용에 더 집중할 수 있고, 더 명확하게 이해하며, 깊이 몰입하는 데 큰 도움이 됩니다. 저는 이를 '질문 검색 독서법'이라고 부릅니다.

책을 읽을 때 검색엔진에서 정보를 찾듯이, 질문을 던지며 책을 읽어 보세요. 질문을 던지는 순간 답이 궁금해지기 시작하며, 그 답을 찾으려는 과정에서 자연스럽게 몰입이 이루어집니다.

08

문제해결 독서법

세상의 모든 일은 문제와 해결의 연속입니다. 여기서 '문제'란 이상과 현실 사이의 차이, 즉 '갭(Gap)'을 의미합니다. 예를 들어 시험에서 100점을 목표로 했지만 70점을 받았다면, 이상은 100점이고 현실은 70점입니다. 이 둘의 차이인 30점이 갭이며, 이를 '문제'라고 부릅니다.

세상에는 이미 비슷한 문제를 경험한 사람들이 있습니다. 더 나아가 그 문제를 해결한 사람들도 있죠. 그들은 자신이 찾은 해결방법을 책으로 남기기도 합니다. 그래서 **내가 겪고 있는 문제를 해결해 줄 수 있는 좋은 책을 찾는다면 고민하던 문제를 해결하는 데 큰 도움을 받을 수 있습니다.** 책 속에는 종종 직접적인 해결책이 제시되기도 하고, 책을 읽다 자연스럽게 아이디어가 떠오르기도 합니다. 자신의 문제와 비슷한 사례를 책에서 발견했다면 그 원인과 해결방안을 참고하여 자신의 문제해결에 활용해 보세요.

문제를 해결하는 순서 What → Why → How

문제가 발생하면 대부분 '어떻게 해야 하지?'라는 방법(How)부터 찾으려 합니다. 하지만 문제해결에는 순서가 있습니다. 이 순서를 이해하면 문제를 논리적이고 체계적으로 풀어가는 데 큰 도움이 됩니다. 현황을 파악하는 'What', 다음으로 원인을 분석하는 'Why', 마지막으로 해결방법을 찾아내는 'How'의 순서대로 생각을 정리하는 것이 좋습니다.

1) What : 현재 직면한 문제는 무엇인가?

가장 먼저, 현재 직면한 문제를 명확히 정의해 보세요. 책을 읽기 전에 내가 가진 문제가 무엇인지 구체적으로 생각을 정리해 보는 것이 중요합니다. 이렇게 하면 문제에 대한 인식이 명확해지고, 관련된 책을 찾거나 문제의 원인과 해결책을 이어서 고민하기가 훨씬 쉬워집니다.

"스피치할 때 발표 내용이 잘 기억나지 않아 자신감이 떨어지고 불안감이 든다.《생각정리스피치》책을 읽어 보자!"

2) Why : 문제가 발생한 원인은 무엇인가?

그다음 문제의 원인을 분석해 봅니다. 직면한 문제와 관련된 책을 읽다가 그 원인을 발견했다면, 해당 부분에 밑줄을 긋거나 여백에 메모를 남겨 두세요. 문제의 원인을 파악할 때는 하나의 이유에만 집중하기보다 다양한 원인을 생각해 보아야 합니다. 즉, 진짜 원인이 어디에 있는지 찾아내는 것이 중요합니다. 진짜 원인을 찾아야만 해결책을 더 구체적으로 계획할 수 있기 때문입니다.

"《생각정리스피치》를 읽고 나서, 문제의 원인이 논리 구조로 생각을 정리하여 스피치 대본을 작성하는 방법을 몰랐기 때문이라는 사실을 깨달았다."

3) How : 어떻게 해결할 것인가?

문제의 원인을 분석했다면, 그다음 해결책을 고민해 봅니다. 책을 읽다 문제해결에 대한 아이디어가 떠올랐다면 책의 여백에 그 아이디어를 바로 적습니다. 여기에서 더 나아가 실행계획을 간략하게라도 남겨 두면 훨씬 더 실현 가능성이 높아집니다. 아이디어가 더 이상 추상적이지 않고, 바로 실천할 수 있는 계획이 되는 거죠.

• 앞으로 스피치를 준비할 때는 대본을 논리 구조로 정리해 보기
• 복주환 저자가 추천한 '디지털 마인드맵'을 활용해 중심토픽,

주요토픽, 하위토픽 순서대로 내용을 논리적으로 정리해 보기

· 스피치 방법을 전문적으로 배우기 위해 생각정리클래스에서 '생각정리스피치' 1:1 수업 받아보기

· 복주환 저자의 유튜브 채널을 시청하거나《생각정리스킬》《생각정리기획력》등 다른 책도 모두 읽어 보기

· 먼저 생각정리부터 연습하고 말하는 습관 만들기

이처럼 What → Why → How 순서대로 생각하며 책을 찾아 읽어 보고, 문제의 해결방안을 정리해 보세요.

09

비즈니스 기획 독서법

업무에 관련된 책을 읽다 보면 가끔 비즈니스와 관련된 아이디어가 번뜩 떠오를 때가 있습니다. 이럴 때 그냥 지나치지 말고, 바로 책의 여백에 아이디어나 더 나아가 기획안을 적어 보는 습관을 들이면 좋습니다. 이렇게 하면 단순한 아이디어가 실제 비즈니스로 이어질 가능성이 커집니다.

비즈니스 모델 캔버스

막상 아이디어는 떠올랐는데, 어떻게 사업화할지 막막할 때가 많습니다. 이럴 때는 비즈니스 모델 캔버스를 활용해 보세요. 이 도구를 활용하면 9가지 핵심요소를 통해 사업기획과 수익구조를 한눈에 정리할 수 있습니다. 비즈니스 모델 캔버스의 모든 요소들은 유기적으로 연결되어 있습니다. 간단한 아이디어라도, 질문에 대해 하나씩 답을 해나가다 보면 구체적인 사업방향이 잡히고 실행계획도 자연스럽게 세울 수 있습니다.

[비즈니스 모델 캔버스의 9가지 질문]

항목	핵심 질문
1) 고객 세분화	내 제품이나 서비스를 필요로 하는 사람은 누구일까? 가장 중요한 고객은 누구인가?
2) 가치 제안	고객들에게 어떤 특별한 가치를 줄 수 있을까? 그들이 가진 문제를 어떻게 해결해 줄 수 있을까?
3) 유통 채널	제품이나 서비스를 고객에게 전달하는 가장 좋은 방법은 무엇일까? 어떤 경로를 통해 고객에게 다가갈까?
4) 고객 관계	고객과 어떻게 소통하고, 관계를 유지할까? 그들과 지속적인 관계를 만들기 위한 방법은 무엇일까?
5) 수익구조	고객은 내 제품이나 서비스에 어떻게 비용을 지불할까? 어떤 방식으로 수익을 낼 수 있을까?
6) 핵심 자원	사업을 운영하고 고객에게 가치를 제공하기 위해 필요한 자원은 무엇일까? (예 : 돈, 기술, 인력)
7) 핵심 활동	고객에게 가치를 전달하기 위해 어떤 활동이 필요할까? (예 : 생산, 마케팅, 서비스)
8) 핵심 파트너	우리 사업이 잘되려면 누구와 협력해야 할까? 중요한 파트너는 누구일까?
9) 비용 구조	사업을 운영하는 데 필요한 비용은 얼마일까? 어떤 비용이 많이 들고, 어떻게 관리할 수 있을까?

[비즈니스 모델 캔버스 작성 사례]

핵심 파트너	핵심 활동	가치 제안	고객 관계	고객 세분화
WHO? - 교육 담당자 - 에이전시 담당자 - 플랫폼 담당자 - 크리에이터 - 강사, 강연가 - 커뮤니티 운영자 - 기존 수강생	HOW? [현재] 강연가, 강사, 컨설턴트 : 진로, 커리어, N잡, 퍼스널브랜딩 관련하여 강연, 강의,컨설팅을 합니다.	WHY? 대표 본인이 직접 진로, 취업, 커리어, N잡, 퍼스널브랜딩, 콘텐츠기획 등 다양한 분야에 도전하고 지식과 경험을 쌓았습니다.	HOW? - 진로를 탐색할 때 - 취업 준비를 할 때 - 커리어를 쌓아 나갈 때 - N잡에 도전할 때 - 퍼스널브랜딩을 하고 싶을 때	WHO? 진로, 취업, 커리어, N잡, 퍼스널브랜딩 컨설팅을 받고 싶은 분들
	핵심 자원 WHAT? [과거] - 헤드헌터, 커리어 컨설턴트, 퍼스널브랜딩 컨설턴트 등 - 경기콘텐츠진흥원, 한국전파진흥협회, 서울경제진흥원 공모전 입상		**유통 채널** WHAT? - 인스타그램, 블로그, 유튜브, 브런치 등 - 교육 담당자, 에이전시 담당자 등의 바이럴	

비용 구조	수익구조
HOW MUCH? - 사무실 임대료, 관리비 등 - 파트너 강연가, 강사 지급 비용 - 홈페이지 운영비용 - 교육비	HOW MUCH? - 월간 컨설팅료 - 시간당 컨설팅료 - 시간당 강연, 강의료 - 방송 출연료

[비즈니스 모델 캔버스 템플릿]

핵심 파트너	핵심 활동	가치 제안	고객 관계	고객 세분화
	핵심 자원		**유통 채널**	

비용 구조	수익구조

생 각 정 리 독 서 법

Part 5

나를
성장시키는
독서

01

나는 읽는 대로
만들어진다

여러분은 독서가 인생을 바꿀 수 있다는 말을 믿나요? 저는 독서가 인생을 바꿀 수 있다는 말을 믿습니다. 제가 좋아하는 문장이 있습니다.

'나는 읽는 대로 만들어진다' 이 말 참 멋지지 않나요? 좋은 음식을 먹어야 건강해지듯, 사람도 좋은 생각을 해야 마음이 건강해집니다. 그리고 좋은 생각은 독서를 통해 형성되고 자라납니다.

책을 좋아하게 되면서 오랜 시간 동안 하루하루 열심히 책을 읽었습니다. 이제는 훈련된 독서가로서, 직장인들을 위해 추천도서를 소개하고, 독서에 관한 칼럼을 쓰고, 초보 독자들을 위한 독서법을 전해 드리는 일을 하고 있습니다. 그런 저에게도 처음으로 책을 읽게 되고, 책의 힘을 알게 된 첫 번째 기억이 있습니다.

생각정리독서법

꿈이 생기다

이야기는 중학교 시절로 거슬러 올라갑니다. 사춘기였던 중학교 2학년 때 일이에요. 당시 저는 아무런 목표와 계획이 없었습니다. 그러다 보니 공부하는 시간도 의미가 없었고 무기력한 날의 연속이었죠. 그러던 중 수학여행을 가게 되었는데, 제 인생이 송두리째 바뀐 사건이 하나 있었습니다. **마음속에 한 장면이, 꿈이 되어 들어 온 거예요.**

수학여행 마지막 날 장기자랑 시간에 한 강사가 통기타를 들고 무대 앞에 올라왔는데, 어찌나 말을 잘하는지 말 한마디로 우리들을 웃기고 울리고 감동을 주는 그 모습에 반해 버렸습니다. 평소 수업 시간이라면 긴 시간이라고 느꼈을 2시간이 순식간에 지나갈 정도였죠. 열정적인 강사의 모습과 그 여운은 아직까지도 가슴 속에 남아 있습니다.

무대 위의 강사를 보며 '저 강사처럼 되고 싶다. 저렇게 말 한마디로 재미와 감동을 주는 사람이 되고 싶다'라는 꿈이 생겼습니다. 이후 제 머릿속에는 '그 꿈을 이루기 위해 나는 무엇을 어떻게 해야 할까?' 하는 생각으로 가득 찼습니다.

생각의 어원이 사량(思量)이라고 했나요? 무언가를 사랑하면 생각이 많아진다고 하죠. 궁금하고 알고 싶으니까요. 계속해서 그 꿈을 생각하다 보니 그 생각을 기록해야 할 공간이 필요했습니다. 문구점에 가서 공책을 하나 사서 공책 앞에 제목과 이름을 적었습니다. 제목은 〈꿈을 위한 일기장〉이었습니다.

맨 앞 페이지에는 '이 공책은 일기장이다. 앞으로 이루어 나갈 나의 꿈에 대해 기록할 것이다' 등의 내용을 적으며 혼자 흐뭇해하던 기억이 있습니다. 이루고 싶은 제 인생의 첫 번째 목표가 생긴 거예요. 되고 싶은 모습, 하고 싶은 모습, 제가 보았던 그 한 장면을 잊지 않기 위해 글과 그림으로 기록해 두었습니다. 숙제를 위한 일기가 아닌, 마음에서 우러나와 썼던 진짜 나만의 일기장이었던 거죠. 마치 미래에서 온 누군가가 빨리 일기장에 적으라고 말하는 것 같았습니다.

이후 제 머릿속에는 온통 '어떻게 하면 그 강사처럼 될 수 있을까' 하는 생각뿐이었습니다. 그러던 중 한 친구가 예술고등학교 연극영화과에 관한 정보를 알려주었는데, 연극영화과에 진학하면 무대에 오르는 일을 할 수 있겠구나 하는 생각이 들었습니다.

문제가 생기다

그런데 문제가 있었습니다. 당시 제가 살던 지역에서는 예술고등학교에 갔던 선배가 거의 없었습니다. 입시 정보가 너무나도 부족했던 것이죠. 또 연극영화과는 경쟁률도 매우 높은 편이었습니다.

연극영화과에 가고 싶다고 해서 누구나 다 갈 수는 없었던 거예요. 노래를 특출나게 잘하는 것도 아니고, 춤을 잘 추는 것도 아니고, 연극과 관련된 자질도 없었습니다. 다행히 어렸을 때부터 웅변을 쭉 배워 왔는데 이걸 도대체 어떻게 활용해야 할지 고민만 가득 차 있었습니다.

당시 친구들에게 고민을 말하면 "네가 어떻게 예고 연극과에 가냐" "우리 학교에서 지금까지 예고에 간 사람이 한 명도 없었는데" "거기 가려면 키도 커야 하고 잘 생겨야 한다는데" 등 여러 가지 근거로 제가 할 수 없는 이유를 말하며 걱정했습니다. 선생님들조차도 담임 선생님을 제외하곤 "연극영화과에 입학하려면 성적도 어느 정도 높아야 하는데, 3학년이 되어서 준비하는 것은 좀 늦은 것 같다"라며 다른 진로를 생각해 보라고 조언했습니다.

친구들과 선생님의 이야기가 도움이 될 때도 있었지만 '넌 할 수 없다'는 부정적인 말은 저에게 상처가 되었습니다. 더 이상 부정적인 말을 듣고 싶지 않았습니다. 할 수 있을 거라는 믿음을 지키고 싶었고, 무엇보다도 자신감을 잃으면 모든 게 끝이라는 생각이 들었습니다. 제 마음속에는 오로지 '어떻게 하면 수학여행 때 내가 봤던 강사처럼 될 수 있을까?' 그 생각뿐이었습니다. 열악한 환경과 조건이었지만 이것을 이겨낼 수 있는 방법이 무엇일까 하는 생각만 하고 싶었습니다. 고민으로 가득 차 있던 어느 날, **한 권의 책**이 눈에 들어왔습니다.

02

인생을 바꾼
한 권의 책

그 책은 가족 중 한 명이 어디선가 가져온 것으로, 유명한 소설도 아니고 인기 베스트셀러도 아닌 평범한 〈명언 모음집〉이었습니다. 호기심에 책을 펼쳐 보았습니다.

"너는 할 수 있다. 너니까 할 수 있다. 너는 된다!"
"모두가 안 된다고 말해도, 포기하지 마라. 너는 할 수 있다!"
"할 수 있는 방법을 찾고, 끝까지 도전하라!"

당시 저는 공부에 별로 관심이 없었습니다. 책은 물론 교과서 읽는 것도 좋아하지 않았는데, 이 책은 달랐습니다. 정보나 지식을 전달하는 책도, 재미있는 스토리가 있는 책도 아니었지만, 책에는 고민이 많은 저에게 힘과 용기를 주는 메시지로 가득 차 있었습니다.

새로운 길을 가고자 하는 그 과정이 힘들어서였을까요? 누군가에게는 그냥 지나칠 수 있었던 평범한 문장들이 저에게는 특별하게 다가왔습니다. 모두 나에게 해주는 말 같아서, 기억에 남기고 싶어서 끝까지 읽고, 다시 한 번 더 읽고, 밑줄 치며 읽었습니다.

입시 준비를 하며 지치고 힘들 때마다 이 책을 펼쳐 보았습니다. 부정적인 생각이 들 때면 책의 문장과 옆에 남겨 둔 저의 의지가 담긴 메모를 읽으며 정신을 바로 잡았죠. 지금 보면 조금은 유치하기도 하지만 저의 이름을 넣어서 '주환아, 너는 할 수 있어!' 이렇게 써 놓기도 하며 자기 주문을 외우듯 책을 읽으며 마음을 다잡았습니다.

이때 처음으로 '책이 좋은 거구나'라는 생각이 들었습니다. 교과서처럼 공부를 위해 읽는 책만 있는 줄 알았는데 '내 생각을 존중해 주고 응원해 주며 더 큰 생각을 할 수 있게 도와주는 책도 있구나' 그런 생각이 들면서 책을 더 좋아하게 되었습니다.

이후 주말마다 서점에 가서 입시와 관련된 책을 사서 공부했고, 목표달성과 시간관리 등 저에게 필요해 보이는 책들을 하나씩 찾아 읽었습니다. 책을 읽을수록 제 생각과 행동이 변화하는 걸 느꼈습니다. 부정적인 생각은 긍정적으로 바뀌었고, 자신감도 생겼습니다. 그 힘을 바탕으로 끝까지 포기하지 않고 최선을 다해 예고 입시를 준비했습니다. 입시 당일에도 손에서 책을 놓지 않고 마음을 다잡으며 노력했습니다.

그리고 마침내 합격자 발표 날이 되었습니다. 가슴이 터질 것처럼 두근거렸습니다. 손에 땀이 배어나는 걸 느끼며 결과를 기다렸습니다. 시간이 멈춘 듯한 순간, 제 눈앞에 보이는 단어는 바로 '합격'이었습니다.

책을 읽으면 정말 인생이 바뀔까?

아직 책을 읽고 인생이 달라진 경험이 없는 분들은 그 힘을 믿기 어려울 수 있습니다. 하지만 책은 분명히 인생을 바꿉니다. 책에는 우리의 생각을 바꿀 수 있는 힘이 있기 때문입니다. 생각이 바뀌면 행동이 달라지고, 습관이 바뀌면서 결국 인생도 변화하게 됩니다. 좋은 책을 꾸준히 읽고, 그 내용을 잘 정리하여 실천에 옮긴다면 여러분의 인생은 반드시 변화하게 될 겁니다.

다만, 그 변화는 하루아침에 오지 않는다는 것을 기억해야 합니다. 꾸준히 읽고, 책에서 배운 것들을 조금씩 실천할 때, 변화는 서서히 찾아옵니다. 운동을 한번 생각해 보세요. 오늘 헬스장에서 한 시간 운동을 한다고 해서 다음 날 거울에 확연한 변화가 보이진 않죠. 하지만 꾸준히 운동하면 서서히 근육이 잡히고, 체력이 늘어나는 것을 느끼게 됩니다. 실제로 저는 20kg 체중을 감량하고, 보디 프로필을 촬영한 경험이 있습니다. 그 경험을 통해 몸은 하루아침에 변화하지 않는다는 사실을 알았습니다. 분명한 목표 설정, 꾸준한 운동,

276

건강한 식단, 그리고 무엇보다 포기하지 않고 목표를 향해 나아가는 것이 중요했습니다. 시간이 지나고 보니 제 몸은 확실히 달라져 있었습니다.

독서도 마찬가지입니다. 몇 권의 책을 읽고는 큰 변화를 느끼지 못할 수 있습니다. 하지만 한 권 한 권씩 꾸준히 읽다 보면 시간이 지나고 나서 책을 통해 조금씩 변화한 내 모습을 발견하게 됩니다. 이렇게 축적된 변화는 결국 복리효과처럼 키다란 결과로 돌아옵니다.

복리효과는 처음에는 작은 변화로 보이지만, 시간이 지나면서 그 속도와 영향력이 급격히 커지는 특징을 가지고 있습니다. 꾸준히 독서를 하다 보면 서서히 지식이 쌓이고, 지혜가 자라며, 창의적인 아이디어가 떠오릅니다. 생각하는 방식이 바뀌면서 자연스럽게 우리의 행동도 변하게 됩니다. 결국 이런 작은 변화들이 모여 삶의 방향이 크게 바뀝니다.

03

독서는
성장 마인드셋을 만든다

처음에는 몰랐지만, 독서를 통해 가장 크게 바뀐 것은 제 '마음가짐'이었습니다. 책을 읽다 보면 자연스럽게 우리의 마음가짐, 즉 생각하는 방식이 달라지는 순간이 옵니다. 책 속에서 배운 지혜와 생각들이 삶을 바라보는 태도를 바꾸고, 그로 인해 세상을 보는 눈도 점점 달라지게 되는 거죠.

마음가짐을 의미하는 **마인드셋**(Mindset)은 스탠퍼드대학교 심리학과의 캐럴 드웩 교수의 연구에서 나온 개념입니다. 그녀는 40년 동안 사람들의 인생을 바꾸는 힘을 연구한 끝에, 마인드셋이 인간의 성공과 성장을 결정짓는 중요한 요인이라는 사실을 밝혀냈습니다. 그리고 인간에게는 2가지 중요한 마인드셋이 있다는 결론에 도달했습니다.

고정 마인드셋과 성장 마인드셋

첫 번째는 고정 마인드셋(Fixed Mindset)입니다. 이는 자신의 능력이나 지능이 정해져 있어서 바뀌지 않는다고 믿는 마음가짐을 뜻합니다. 고정 마인드셋을 가진 사람은 실패를 두려워하고, 도전을 피하는 경향이 있습니다. 새로운 도전에서 실패할 가능성이 있다면 시도조차 하지 않으려 합니다.

두 번째는 성장 마인드셋(Growth Mindset)입니다. 성장 마인드셋을 가진 사람은 자신의 능력은 노력과 학습을 통해 발전할 수 있다고 믿습니다. 이들은 실패를 배움의 기회로 보고, 도전을 통해 스스로를 더 나은 방향으로 성장시킬 수 있다고 생각하죠.

성장 마인드셋과 독서의 상관관계에 대한 연구는 아직 진행 중이지만, 독서가 사고방식에 긍정적인 영향을 준다는 점은 많은 이들이 공감합니다. 저 역시 수많은 책을 읽으며 고정된 생각에서 벗어나 성장 마인드셋으로 변화하는 경험을 했습니다. 책을 읽기 전에는 '나는 안 돼. 못할 거야'라는 생각을 자주 하곤 했죠. 하지만 다양한 책을 읽으며 방법을 알고 난 다음에는 '나도 할 수 있어! 왜 못 해? 한번 해보자!'라고 자신을 격려하는 마음가짐으로 점차 변했습니다. 이런 경험을 통해 저는 책이 '고정 마인드셋을 성장 마인드셋으로 바꾸는 데 중요한 역할을 할 수 있다'고 생각하게 되었습니다.

지금도 저는 답답하거나 문제가 발생하거나 우울하거나 부정적인 생각에 빠질 때 책을 펼치곤 합니다. 책은 저에게 새로운 시각을 알려주고, 긍정적인 생각을 만들어 주고, 할 수 있다는 용기를 주기 때문입니다.

만약 책이 없었다면 저는 '예고 입학'이라는 첫 번째 도전에서 포기했을 겁니다. 책을 읽지 않았다면 이후에 계속된 인생의 도전 속에서 '나는 안 돼, 못해'라는 고정 마인드셋에 갇혀 성장할 수 있는 기회를 놓쳤을지도 모릅니다.

마인드셋은 고정된 것이 아니다

여러분은 무엇에 대해 고정 마인드셋을 가지고 있나요? 혹시 책에 대해 고정 마인드셋을 가지고 있진 않나요?

'책을 읽는다고 인생이 바뀌기나 하겠어?' '책을 읽기엔 너무 늦은 나이 같아' '이 책도 뻔한 독서법 이야기일 거야' 이런 고정된 생각 때문에 배움과 성장의 기회와 점점 더 멀어지고 있을 수 있습니다.

저는 여러분이 책과 독서에 대한 고정 마인드셋이 변화될 수 있기를 바라며,《생각정리독서법》을 썼습니다. '이 책을 보니 나도 책을 잘 읽을 수 있을 것 같아' '노력하면 나도 독서가가 될 수 있을 거야' '오늘부터 조금씩 책을 읽어 보자'라는 성장 마인드셋으로 전환이 될 때 그때부터 여러분은 성장하게 될 것입니다.

캐럴 드웩은 "마인드셋은 고정된 것이 아니라, 언제든 변화할 수 있다"고 말합니다. 고정 마인드셋이든 성장 마인드셋이든, 모두 우리의 선택에 달려 있다는 것이죠. 결국 어떤 마인드셋을 가질지는 바로 내가 결정할 수 있습니다. 지금 이 순간, 그 선택은 바로 나의 몫입니다. 그리고 그 선택이 여러분의 인생을 바꾸는 첫 번째 열쇠가 될 것입니다. 당신은 어떤 선택을 하실 건가요?

04

책을 펼치면
새로운 길이 보인다

저에게 독서에 가장 몰입한 시기가 언제였냐고 묻는다면, 저는 군대 시절을 말하곤 합니다. 군대에는 장병들에게 책을 지원하는 진중문고 프로그램이 있는데, 덕분에 문학, 역사, 철학부터 예술, 과학, 자기계발서까지, 군 생활 중 틈틈이 많은 책을 읽을 수 있었습니다. 스마트폰이 없던 당시의 군 생활은 책에 집중하기에 최적의 시간이었습니다. 매일 다양한 장르의 책을 읽고, 꾸준히 글을 쓰며 생각을 정리했습니다. 전역 전까지 독서리스트에 기록된 책만 267권, 그 과정에서 쓴 생각노트는 20권 이상이 되었습니다. 저에게 군대는 독서와 생각정리를 통해 꿈을 키운 '꿈대'였습니다.

군대에서 경험했던 독서의 힘

전역을 앞두고 독서의 힘을 강하게 느낀 순간이 있었습니다. 육군훈련소에서 열린 발표력 경연대회에 참가했을 때였습니다. 이 대회에는 800명 이상의 참가자가 몰릴 정도로 경쟁이 매우 치열했죠. **하지만 그동안 독서를 통해 쌓아온 지식과 표현력이 빛을 발해 결국 우승을 차지했습니다.** 우승 소식을 들었을 때, 그동안의 노력이 결실을 맺은 것 같은 기분이 들었습니다. 이 우승 덕분에 국방일보와 인터뷰를 했고, 군 장병을 위한 칼럼을 쓰는 기회도 얻었으며, 전역 후 여러 군부대에서 강연 초청을 받기도 했습니다.

진로를 바꾸며, 인생이 바뀌다

군 생활 중 발표력 경연대회에서 우승하면서, 저는 진로를 확실히 정할 수 있었습니다. 연극과 뮤지컬이 아닌 교육학을 전공하기로 결심했죠. 뒤늦게 전공을 바꾸는 것이 쉽지는 않았지만, 이 방향이 맞다는 확신이 들었습니다. 전역을 앞두고 군 생활 동안의 생각과 전역 후 계획을 담은 학업계획서와 자기소개서를 진지하게 작성했습니다. 그리고 대회에서 받은 포상휴가를 활용해 전과 면접을 보러 갔습니다. 진심을 담아 면접을 본 결과, 교육학으로 전공을 바꾸는

데 성공했습니다. 독서 덕분에 경연대회에서 우승을 하고, 그로 인해 받은 포상휴가를 활용해 전공을 바꾸는 용기 있는 선택을 한 덕분에 지금도 강연가로서의 길을 계속 걸어가고 있습니다.

독서 덕분에 어려움을 극복하고 성장하다

하지만 뒤늦게 전공을 바꿨기 때문에 3학년부터 학업을 따라가려면 독학으로 공부를 보충해야만 했습니다. 누구도 공부하는 방법을 알려주지 않았지만, 책을 통해 어려움을 극복할 수 있었습니다. 도서관에 가서 《학습과학》《교육철학》《교육과 뇌과학》《교육 심리학》 등 전공과 관련된 책과 이를 이해할 수 있는 참고문헌 등을 능동적으로 찾아 읽었습니다. 이런 방식으로 공부하면서 전공에 대한 폭넓은 시각을 갖게 되었고, 단순히 수업에서 배우는 지식을 넘어 진정한 학문적 탐구로 이어질 수 있었습니다. 이렇게 **능동적으로 책을 찾아 읽는 과정**이 학문적 성장을 도와주었습니다.

그러면서 자연스럽게 생각을 정리하는 방법에 대한 관심이 커졌습니다. '생각을 정리하는 데도 기술이 있지 않을까?'라는 궁금증을 가지고 관련 책과 자료를 탐구하기 시작했죠. 그 과정에서 전 세계에 생각정리 전문가들이 있다는 흥미로운 사실도 알게 되었습니다. 바바라 민토의 《논리의 기술》, 댄 로암의 《쇼앤텔》, 토니 부잔의 《마

생각정리독서법

인드맵》, 드니 르보의 《생각정리의 기술》 등 수백 권의 책을 읽었습니다. 절판된 책은 중고서점을 찾아 구했고, 해외 서적도 직접 주문해서 읽었죠. 그 과정에서 논리적 사고와 시각적 사고의 중요성을 깨달았고, 뇌과학과 인지심리학 같은 학문적 지식과 철학적 배경까지 더하며 전문성을 쌓아갔습니다.

본격적으로 강의를 시작하면서 생각정리와 연관된 스피치, 글쓰기, 기획력, 업무효율, 문제해결, 시간관리, 목표관리 등 다양한 주제의 책들도 함께 확장하여 연구하며 지식을 쌓았습니다. 그렇게 수천 권의 책에서 얻은 지식과 저만의 노하우를 바탕으로 새로운 지식을 창조하고, 누구나 쉽게 활용할 수 있는 생각정리법을 체계적으로 정리해 《생각정리스킬》을 출간하게 되었습니다.

최근 저는 사회 발전에 기여할 수 있는 일에 관심이 생겼습니다. 그 과정에서 자연스럽게 인류의 역사와 발전에도 눈을 돌리게 되었죠. 《사피엔스》《인간 등정의 발자취》《총, 균, 쇠》《왜 세상의 절반은 굶주리는가》《정의란 무엇인가》 같은 책들을 다시 읽으며 인류와 사회구조에 대한 이해를 넓히기 위해 노력하고 있습니다. 더 나은 세상을 만들기 위해 내가 조금이라도 할 수 있는 일이 무엇일지 고민하는 중입니다.

오랜 시간 동안 저를 지켜본 친구가 어느 날 이렇게 말했습니다. **"너의 인생에는 항상 책이 함께했구나"** 그 말을 곰곰이 되새겨보니 제 인생의 여정 속에는 언제나 책이 있었습니다. 책은 중요한 순간마다 올바른 선택을 할 수 있게 도와줬고, 그 선택 덕분에 새로운 길이 열렸습니다. 이제 저는 책을 통해 얻은 깨달음을 여러분과 함께 나누고 싶습니다.

여러분도 독서의 힘을 느끼고, 책을 통해 새로운 길이 열리기를 진심으로 바랍니다.

일생에 한번은
1년 동안 독서하라

책을 통해 인생을 바꾸고 싶은 분이라면 1년 동안만이라도 꾸준히 독서를 해보길 권합니다. 1년 동안 꾸준히 독서를 하면 계절이 바뀔 때마다 서서히 변화하는 나 자신을 느낄 수 있습니다.

봄에는 꽃이 피어나듯 책을 통해 새로운 지식이 싹트고, 여름이 되면 독서에 대한 열정도 한층 더해집니다. 가을에는 만물이 열매를 맺듯 삶에서 의미 있는 결과로 이어집니다. 겨울에는 농부가 수확을 마친 후 한 해를 정리하고 새로운 농사를 준비하듯, 한 해 동안 읽었던 책들을 돌아보며 내년을 위한 새로운 배움을 계획하게 되죠. 이렇게 책과 함께하면 계절마다 내가 변화하고 성장하는 것을 느낄 수 있습니다.

1년 독서 가이드

'내가 과연 할 수 있을까?' 고민하는 분들도 있을 겁니다. 그래서 독서 가이드를 준비했습니다. 정답은 아니지만 하나의 가이드로 참고하면서 '이런 방법도 있구나' 하고 실천해 보세요. 공감되는 부분이 있다면 1년 독서계획을 실제로 활용해 보길 바랍니다.

1~2개월 : 책과 친해지기

첫 번째 단계는 책과 친해지는 시간입니다. 유튜브나 TV 대신 책이라는 매체에 익숙해지는 것이 목표입니다. 일단 관심 가는 주제의 책을 선택해 읽어 보세요. 책이 재미있고 유익하다는 인식을 만들어가는 것이 중요합니다. 너무 어려운 책을 읽고 포기하는 것보단, 난이도가 쉬운 책을 골라 완독하는 경험을 해보세요. 입문서나 만화, 일러스트가 많은 책도 좋습니다. 혼자 읽는 게 부담스럽다면 독서모임에 참여해 다른 사람들과 함께 읽어 보는 것도 좋은 방법입니다. 집에서 집중이 잘되지 않으면 가까운 서점이나 도서관에 가서 책을 읽는 환경을 만들어 보세요.

생각정리독서법

3~5개월 : 독서 습관 만들기

조금씩 책과 친해졌다면 이제는 책을 읽는 습관을 만드는 단계입니다. 하루에 3장, 5장, 10장 등 목표를 정해 꾸준히 읽는 것이 중요합니다. 바쁜 날에는 한 줄만이라도 읽는 것을 목표로 삼아보세요. 이렇게 3~5개월 동안 꾸준히 책을 읽으면 자연스럽게 독서 습관이 만들어집니다. 또한 독서리스트를 작성하면 책 읽는 동기부여에 큰 도움이 됩니다. '이번 달에는 3권 읽기'처럼 구체적인 수치 목표를 설정하는 것도 좋아요. 기억하세요. 습관이 인생을 바꿉니다.

6~9개월 : 책을 깊이 읽고, 삶과 연결하기

책을 더 깊이 이해하고 싶은 시점입니다. 이때 '생각정리독서법'을 참고하여 책의 내용을 정확히 파악하고 기억하는 연습을 해보세요. 한 권을 읽더라도 저자의 의도를 이해하려고 노력하는 것이 중요합니다. 또한 책에서 얻은 지혜와 아이디어를 잘 정리해 두고, 이를 일상에 적용하는 것도 필요합니다. 책에서 얻은 지식을 일상과 자연스럽게 연결하는 연습을 꾸준히 해보세요. 이렇게 하다 보면 작은 변화들이 쌓여 삶이 달라지는 경험을 할 수 있을 거예요. 책을 읽고 생각을 정리하며, 나를 성장시키는 즐거움을 느껴 보세요.

10~12개월 : 나만의 지식을 만들어 공유하기

마지막 단계는 책에서 배운 내용을 내 생각과 결합해 새로운 지식으로 발전시켜 보는 것이 목표입니다. 읽은 책을 바탕으로 리뷰를 작성하거나 독서 관련 콘텐츠를 만들어 SNS에 공유해 보세요. 1년 동안 열심히 읽고 정리한 나만의 추천도서 리스트를 세상에 공개해 보는 것도 좋습니다. 이렇게 하다 보면 독자로 시작했지만 점차 자신의 생각을 더해 새로운 지식을 만들어 내는 창조적인 사람이 될 수 있을 겁니다.

일생에 한 번쯤은 1년 동안 꾸준히 독서를 해보세요. 눈에 보이지 않더라도 여러분의 사고력, 상상력, 창의력, 실행력은 분명 변화할 것입니다. 말하기와 글쓰기 능력도 자연스럽게 향상될 겁니다. 또한 나의 삶이 조금씩 더 나은 방향으로 나아가는 걸 느끼게 될 겁니다. 그렇게 1년이 지나면 주변 사람들에게 이런 말을 듣게 될 거예요.

**"요즘 뭔가 달라졌어요.
더 멋있는 사람이 된 것 같아요!"**

그거 아시나요? '멋있다'는 말은 '무엇이 있음'에서 유래가 되었다는 사실을요. 그래서 '멋있다'는 말을 길게 말하면 '무엇이 있다'로 들

생각정리독서법

리나 봅니다. 독서를 통해 당신만의 '무엇'이 생겨나길 진심으로 바랍니다. 감사합니다.

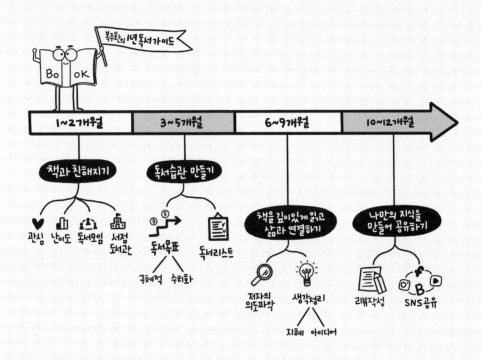

《생각정리독서법》에 소개된 도서 리스트

《생각정리스킬》, 복주환, 천그루숲, 2017

《생각정리스피치》, 복주환, 천그루숲, 2018

《생각정리기획력》, 복주환, 천그루숲, 2019

《당신의 생각을 정리해 드립니다》, 복주환, 비즈니스북스, 2021

Part 1

《코스모스》, 칼 세이건, 홍승수 역, 사이언스북스, 2010

《햄릿》, 윌리엄 셰익스피어, 최종철 역, 민음사, 2009

《정상에서 만납시다》, 지그 지글러, 이은정 역, 핀라이트, 2022

《월든》, 헨리 데이비드 소로우, 강승영 역, 은행나무, 2011

《인스타 브레인》, 안데르스 한센, 김아영 역, 동양북스, 2020

《성공의 공식 포뮬러》, 앨버트 라슬로 바라바시, 홍지수 역, 한국경제신문, 2019

《Where we work》, 안 브가예르즈, Lannoo Publishers, 2021

《어린 왕자》, 앙투안 드 생텍쥐페리, 김수영 역, 코너스톤, 2020

《상실의 시대(노르웨이의 숲)》, 무라카미 하루키, 양억관 역, 민음사, 2017

《해변의 카프카》, 무라카미 하루키, 김춘미 역, 문학사상, 2024

《1Q84》, 무라카미 하루키, 양윤옥 역, 문학동네, 2009

《개미》, 베르나르 베르베르, 이세욱 역, 열린책들, 2023

《신》, 베르나르 베르베르, 이세욱 역, 열린책들, 2024

《인간》, 베르나르 베르베르, 이세욱 역, 열린책들, 2009

《나무》, 베르나르 베르베르, 이세욱 역, 열린책들, 2013

《그리스인 조르바》, 니코스 카잔차키스, 이윤기 역, 열린책들, 2009

《생각의 탄생》, 로버트 루트번스타인, 박종성 역, 에코의서재, 2007

《당신은 완전히 충전됐습니까?》, 톰 래스, 엄성수 역, 위너스북, 2015

《소년이 온다》, 한강, 창비, 2014

《바닷가 작업실에서는 전혀 다른 시간이 흐른다》, 김정운, 21세기북스, 2019

Part 2

《침묵의 세계》, 막스 피카르트, 최승자 역, 까치, 2010

《갈매기》, 안톤 체호프, 강명수 역, 지만지드라마, 2019

《밑바닥에서》, 막심 고리키, 최윤락 역, 지만지드라마, 2019

《레미제라블》, 빅토르 위고, 염명순 역, 비룡소, 2015

《순수이성비판》, 임마누엘 칸트, 백종현 역, 아카넷, 2006

《대논리학》, 게오르크 빌헬름 프리드리히 헤겔, 임석진 역, 자유아카데미, 2022

《존재와 시간》, 마르틴 하이데거, 전양범 역, 동서문화사, 2023

《이반 일리치의 죽음》, 레프 톨스토이, 김연경 역, 민음사, 2023

《쇼펜하우어 문장론》, 아르투르 쇼펜하우어, 김욱 역, 지훈, 2019

《채근담》, 홍자성, 김성준 역, 홍익출판미디어그룹, 2022

《죄와 벌》, 포도르 도스토예프스키, 김연경 역, 민음사, 2012

《부활》, 레프 톨스토이, 박형규 역, 문학동네, 2022

《데미안》, 헤르만 헤세, 전영애 역, 민음사, 2009

《소크라테스의 변명》, 플라톤, 황문수 역, 문예출판사, 1999

《논어》, 공자, 소준섭 역, 현대지성, 2018

《죽음의 수용소에서》, 빅터 프랭클, 이시형 역, 청아출판사, 2020

《인간 등정의 발자취》, 제이콥 브로노우스키, 김은국 역, 바다출판사, 2023

《책상은 책상이다》, 페터 빅셀, 이용숙 역, 위즈덤하우스, 2018

《다산선생 지식경영법》, 정민, 김영사, 2006

《바바라 민토 논리의 기술》, 바바라 민토, 이진원 역, 더난출판사, 2019

《오리지널스》, 애덤 그랜트, 홍지수 역, 한국경제신문, 2020

《에디톨로지》, 김정운, 21세기북스, 2018

《취향을 설계하는 곳, 츠타야》, 마스다 무네아키, 장은주 역, 위즈덤하우스, 2017

《배우수업》, 콘스탄틴 스타니스랍스키, 신겸수 역, 예니, 2014

Part 3

《방법서설》, 르네 데카르트, 이현복 역, 문예출판사, 2022

《종의 기원》, 찰스 로버트 다윈, 장대익 역, 사이언스북스, 2019

《제인구달》, 제인 구달, 박순영 역, 사이언스북스, 2023

《총, 균, 쇠》, 제레드 다이아몬드, 강주헌 역, 김영사, 2023

《나의 문화유산답사기》, 유홍준, 창비, 2011

《정의란 무엇인가》, 마이클 샌델, 김명철 역, 와이즈베리, 2014

《동물농장》, 조지 오웰, 도정일 역, 민음사, 2009

《왜 세계의 절반은 굶주리는가?》, 장 지글러, 유영미 역, 갈라파고스, 2016

《이기적 유전자》, 리처드 도킨스, 홍영남, 이상임 역, 을유문화사, 2023

《사랑의 기술》, 에리히 프롬, 황문수 역, 문예출판사, 2019

《노인과 바다》, 어니스트 헤밍웨이, 김욱동 역, 민음사, 2012

Part 4

《마인드셋》, 캐럴 드웩, 김준수 역, 스몰빅라이프, 2023

《굿 라이프》, 최인철, 21세기북스, 2018

《쇼앤텔》, 댄 로암, 한수영 역, 아르고나인, 2014

《토니 부잔의 마인드맵 북》, 토니 부잔, 권봉중 역, 비즈니스맵, 2010

《생각 정리의 기술》, 드니 르보, 김도연 역, 지형, 2007

《사피엔스》, 유발 하라리, 조현욱 역, 김영사, 2023

책을 읽고 생각을 정리하며 나를 성장시키는
생각정리독서법

초판 1쇄 인쇄 2025년 1월 10일
초판 1쇄 발행 2025년 1월 20일

지은이 복주환
펴낸이 백광옥
펴낸곳 ㈜천그루숲
등 록 2016년 8월 24일 제2016–000049호

주소 서울시 동작구 동작대로29길 119
전화 0507–0177–7438 **팩스** 050–4022–0784 **카카오톡** 천그루숲
이메일 ilove784@gmail.com

기획 / 마케팅 백지수
인쇄 예림인쇄 **제책** 예림바인딩

ISBN 979–11–93000–66–3 (13320) 종이책
ISBN 979–11–93000–67–0 (15320) 전자책